Lama Ole Nydahl

Wie die Dinge sind

Impressum

Joy Verlag GmbH, Sulzberg
© 1994 by Karma Kagyü Dachverband e.V. (KKD e.V.)
(1. Auflage erschienen im Marpa Verlag, Wien)

Bearbeitung: Catrin Hartung
Umschlaggestaltung: Kuhn Grafik und Buchdesign, Zürich
Satz: Mathias Weitbrecht, Oy-Mittelberg
Druck: Wilhelm Uhl, Bad Grönenbach
Bindung: Franz Kraus, Kempten

11   10   9   8   7   6
2002   2001   2000

ISBN 3-928554-13-1

Lama Ole Nydahl

Wie die Dinge sind

Eine zeitgemässe Einführung in die Lehre Buddhas

Joy Verlag

INHALT

Die bedingte Welt ist mit ihren eigenen Mitteln
zu schlagen, und oft sind die treuesten Unterstützer
auch die stillsten. Dieses Buch ist vor allem ihnen
gewidmet. Meinen wärmsten Dank an alle,
die beim Enstehen dieses Buches mitgeholfen haben.

— Hannah und Ole Nydahl —

VORWORT

LIEBE LESER!

Die weite Öffnung Mitteleuropas für Buddhas Lehre in den 80er Jahren war keine Seifenblase. Wie bei der Begegnung mit einer so reichen Weltanschauung zu erwarten ist, gibt es schon viele gute buddhistische Bücher in unseren Sprachen.

Was aber lange fehlte, war ein kurzer und allgemein verständlicher Überblick über dieses Gebiet. Die zweite, stark erweiterte Ausgabe dieses Buches enstand, wieder mit Catys einmaliger Hilfe während einer Vortragsreise, in den wunderbar langsamen Zügen im Balkan. Ich hoffe, daß es einen nützlichen Zugang zu Buddhas Lehre ermöglichen wird. Damit das Gelesene auch vom Kopf ins Herz rutschen kann, haben wir dieses Mal vier Meditationen hinzugefügt, die auch ohne Anleitung eines Lehrers durchgeführt werden können.

Im August 1994, im Segensfeld der Schützerin *Weißer Schirm,* am Tag von *Schwarzer Mantel,* auf dem Weg nach Elista.

Mit den besten Wünschen

Hannah und Lama Ole Nydahl

Einleitung

Die Lehrmöglichkeiten Buddhas vor ca. 2500 Jahren waren einmalig: In einer blühenden Hochkultur lebend und von sehr begabten Schülern umgeben, konnte er nach seiner Erleuchtung 45 Jahre lang den Weg zur Befreiung des Geistes zeigen. Aus diesem Grund sind seine Belehrungen auch so vielfältig. Der Kangyur, Buddhas eigene Worte, besteht aus 108 Bänden, die 84.000 hilfreiche Belehrungen enthalten. Die späteren Erläuterungen dazu, der Tengyur, umfassen weitere 254 zolldicke Bücher. Und so waren Buddhas letzte Worte auch: »Ich kann glücklich sterben. Ich habe keine einzige Belehrung in einer geschlossenen Hand behalten. Alles, was euch nützt, habe ich schon gegeben.«

Wie man von einer solchen Aussage ableiten kann, ist die Lehre etwas sehr Praktisches, eine Sache fürs Leben. Wenn die Leute Buddha fragten, warum und was er unterrichte, antwortete er immer: »Ich lehre, weil ihr und alle Wesen glücklich sein und Leid vermeiden wollt. Ich lehre, *wie die Dinge sind.* «

Da Buddhas Lehre so vielfältig ist, reicht es nicht aus, nur ihre Inhalte zu beschreiben. Erst im Unterschied zu anderen Weltanschauungen wird ihr meisterhafter Aufbau zum Vorschein kommen. Daher ist es gut, damit anzufangen. Wann immer jemand versucht hat, die Fülle von Buddhas Weisheit in ein anderes System zu bringen, war dieses zu klein.

Zum Beispiel glauben viele Leute, Buddhismus sei eine Philosophie. Das ist insofern wahr, als die Lehre vollkommen logisch ist. Geistige Klarheit ist ein natürliches Ergebnis buddhistischer Entwicklung. Aber obwohl die Lehre dafür sorgt, daß alle Fähigkeiten des Geistes – also auch die logischen – zur vollen Blüte kommen, warum kann man sie dann nicht Philosophie nennen?

Weil sie einen verändert. In der Philosophie arbeitet man auf der äußeren Ebene der Begriffe und Vorstellungen, und danach werden die Bücher wieder ins Regal zurückgestellt. Buddhas Lehre dagegen arbeitet ganzheitlich. Sie bewirkt in uns eine dauerhafte Veränderung, weil sie den Schlüssel zu dem liefert, was jeden Tag in einem und um einen herum geschieht. Nachdem man die Lehre angewandt hat, wächst in einem ein großes Vertrauen und man wird sich langsam verändern.

Andere Leute heben diese verändernde Wirkung hervor und behaupten deshalb, die Lehre sei eine Psychologie. Was kann man dazu sagen? Das Ziel der Psychologie ist klar: alle Schulen wünschen, den Alltag der Menschen zu verbessern. Sie zielen darauf ab, daß die Gesellschaft von jedem einzelnen Nutzen hat und daß man sich selbst und anderen nicht zu viele Schwierigkeiten bereitet während der sechzig bis achtzig Jahre, die die meisten leben.

Der Buddhismus setzt erst dann ein, wenn die Leute stabil sind und den Raum als Reichtum und nicht als Trennung empfinden. Er vermittelt Mut, Liebe und Einsicht ohne Ende und läßt dabei allen Reichtum fortwährend im Geist hochkommen. Wenn Erleber, Erleben und Erlebtes nicht mehr als getrennt erfahren werden, wird Befreiung und später Erleuchtung folgen. Durch die zeitlose Erfahrung des Nicht-getrennt-Seins zwischen Subjekt, Objekt und Tat erscheinen alle vollkommenen Eigenschaften des Geistes von selbst. Beide, Psychologie und Buddhas Lehre verändern uns also. Die Psychologie endet jedoch an dem Punkt, an dem der Buddhismus ansetzt, dessen Ziel immer die volle Erleuchtung ist – der Zustand der Ganzheit.

Schließlich meinen einige Leute, Buddhismus sei eine Religion. Der grundlegende Unterschied zeigt sich schon bei dem Wort Religion. Tatsächlich bedeutet »re-« auf lateinisch »wieder« und »ligare« »vereinigen«. Die Religion versucht also, zu etwas Vollkommenem zurückzuführen. Im Buddhismus hingegen gibt es nichts wiederzuvereinigen, denn es gibt kein Paradies, aus dem man herausgefallen wäre. Wie könnte man einem solchen Zustand überhaupt vertrauen? Erstens hieße das, er sei nicht vollkommen, und zweitens könnte man ihn dann ja auch wieder verlieren.

Auch belastet Buddha den gesunden Menschenverstand weder mit Dogmen noch mit schwangeren Jungfrauen. All seine Aussagen sind logisch, nachvollziehbar und erfahrbar.

Ebensowenig ist Buddhismus »New Age«. Hier werden alte spirituelle Weisheiten in anderer Verpackung als neue Wahrheiten vermarktet. Solchen könnte man ja noch weniger trauen. Was zu einer gewissen Zeit und Stelle erscheint, muß bedingt sein. Was aus Bedingungen entstanden ist, verändert sich und löst sich auch wieder auf. Obwohl die Anhänger des »New Age« häufig mit Kristallen spielen und die höchste Ebene von Buddhas Lehre der Diamantweg ist, kann man hier auf keinen Fall von einer Edelausgabe des Buddhismus sprechen.

Und was lehrt Buddha? Er sagt, daß es eine allem zugrunde liegende Wahrheit gibt, die immer da war und niemals geschaffen wurde. Sie ist vom Raum untrennbar, zeitlos und alles durchdringend, und man kann sie unter gewissen Umständen aus eigener Kraft erfahren. Dieser zeitlose Zustand, der überall und ständig vorhanden ist, wird die Wahrheitsebene, der »Dharmakaya«, genannt. Die Frage ist lediglich, wann man ihn erkennt.

Es ist leider auch etwas Einmaliges, daß Buddha auf die Selbständigkeit der Leute vertraut, daß er nicht glaubt, ihnen einen erschaffenden, strafenden oder richtenden Gott überstülpen zu müssen. Statt dessen zeigt er, daß die Welt ein gemeinsamer Traum ist; sie entsteht aus dem Speicherbewußtsein aller Wesen. Die angehäuften Taten – auch »Karma« genannt – bedingen die wechselnden Erfahrungen und führen u. a. dazu, daß die Menschen mit unterschiedlichen Körpern und Begabungen in verschiedenen Ländern wiedergeboren werden.

Was also *ist* Buddhismus? Das Wort, das Buddhas Lehre am besten beschreibt, hat er damals selbst verwendet: »Dharma« – seit 1000 Jahren auf tibetisch »Tschö« – bedeutet: »*Wie die Dinge sind*«.

Die Zusammenhänge zu kennen ist der Schlüssel zu jedem Glück. Der Buddha selbst ist Lehrer, Beispiel und Freund. Seine Hilfe ermöglicht uns, das Leid zu vermeiden, das niemand mag, dauerhaftes Glück zu erlangen und sich selbst zu befreien und zu erleuchten.

BUDDHAS LEBENSGESCHICHTE

GEBURT UND LEBEN AM HOF

Ein Blick auf Buddhas Leben bringt uns seine Lehre näher. Er wurde vor etwa 2580 Jahren in eine königliche Familie hineingeboren und sah wahrscheinlich »europäisch« aus: Die Texte beschreiben ihn als groß, stark und blauäugig. Das Land seiner Eltern lag am Südrand des heutigen Nepal, um die damalige Stadt Kapilavastu. Buddha war entschieden keine Jungfrauengeburt, sondern die letzte Gelegenheit für seine Mutter, überhaupt noch ein Kind zu bekommen. Kurz nach seiner Geburt machten drei Yogis seinen Eltern folgende Prophezeiung: »Der Junge ist etwas ganz Besonderes. Wenn er nicht mit den Leiden der Welt in Berührung kommt, wird er all das verwirklichen, was ihr wünscht. Als starker König wird er die umliegenden Reiche erobern und all eure Vorstellungen erfüllen. Sollte er aber das Leidbringende aller bedingten Zustände wahrnehmen, wird er alles aufgeben und erleuchtende Einsichten in die Welt setzen.«

Da sie einen Herrscher und keinen Dichter oder Denker wünschten, beschlossen die Eltern, sehr aufzupassen. Sie umgaben den heranwachsenden Prinzen mit allem, was ein gesunder, junger Mann mag: 500 auserlesene Frauen, Möglichkeiten für Sport und Spannung und die besten Bedingungen

15

für eine geistige Ausbildung. Was er auch wünschte, er brauchte nur darauf zu zeigen. Weil auch nichts Störendes in ihm hochkam, lebte er sorglos 29 Jahre lang, bis sich seine Welt plötzlich auf den Kopf stellte.

ENTTÄUSCHUNG UND SUCHE

Jahrelang hatte man vor Ausflügen des zukünftigen Buddha alle leidvollen Anblicke von den Straßen, die er durchfahren würde, entfernen lassen. Deswegen begegnete er den Leiden erst so spät, dann jedoch in ihrem vollen Umfang. An drei aufeinanderfolgenden Tagen sah er einen Kranken, einen Alten und einen Toten. Die Einsicht, daß diese Leiden zu jedem Leben dazugehören, traf ihn zutiefst. Als er wieder in sein Schloß zurückgekehrt war, erwartete ihn eine schlechte Nacht: Wo er auch suchte, er konnte nichts finden, worauf wirklich Verlaß war. Ruhm, Freude und Besitz – alles würde vergehen. Außen wie innen sah er nur Vergängliches. Nichts war wirklich und wahrhaftig da.

Am nächsten Morgen kam er an einem Yogi vorbei, der in tiefer Meditation saß. Als er ihn sah, wußte er, daß er die wahre Zuflucht gefunden hatte. Dieser Mann kannte etwas Zeitloses. Er erlebte nicht nur die Gedanken und Gefühle innen und die Umstände und Welten außen. Sein Zustand ließ Buddha den offenen Raum erahnen, der alles ermöglicht und weiß, seine strahlende Klarheit[1], die frei spielend alles geschehen läßt, und die unbegrenzte Liebe, die alles zusammenhält. Das war es also! Im Nu verstand der Prinz, daß die unbedingte Wahrheit, die er gesucht hatte, nichts anderes als der Geist selbst war.

---

[1] Klarheit (Tib.: Sälwa): Eine der drei inneren Qualitäten des Geistes. Die anderen beiden sind Leerheit und Ungehindertheit; Klarheit entspricht dem Sambhogakaya-Aspekt der Erleuchtung und ist die dem Geist innewohnende Fähigkeit zu erfahren.

Zu seiner Zeit gab es keine geistige Überholspur wie das »Mahamudra« oder »Tschag-Tschen«; das konnte Buddha erst nach seiner Erleuchtung zeigen. Man kannte keinen Weg, um alles – Zähneputzen, Lieben, Schlafen, Essen und so weiter – in den Weg einzubetten und als Spiegel für den Geist zu nutzen. Da es also keine Möglichkeit gab, mit jeder Lebenslage zu arbeiten, konnte er nur den Weg der Abgeschiedenheit wählen. Er mußte die Menge der Eindrücke begrenzen, die seinen Geist erreichten: Er beendete sein reiches gesellschaftliches Leben jäh und verschwand in die Hügel und Wälder Nordindiens. Jetzt ging es darum, die Natur des Geistes zu erkennen.

Da Buddha die Erleuchtung zum Besten aller brennend wünschte, schöpfte er jedes mögliche Mittel voll aus, und die folgenden sechs Jahre wurden hart. Als er zum Beispiel einmal in die übersteigerte Sichtweise geriet, der Körper sei schlecht, fastete er sich beinahe zu einem Gerippe herunter. Das Abschwächen der Sinneseindrücke sollte seine Geistesklarheit vermehren. Statt dessen entdeckte er aber, daß er aus einer so schwachen Lage heraus weder anderen noch sich selbst nützlich sein konnte. Also begann er wieder zu essen und ließ seinen Körper gesunden.

Er ging zu den bedeutendsten Lehrern seiner Zeit, in der schon alle uns auch heute bekannten Schulen der Einsicht blühten, und wurde schnell besser als sie. Doch die Mittel brachten ihn nicht ans Ziel. Die Lehrer wußten zwar viel über die Geschehnisse im Geist, jedoch nichts über das zeitlose Wesen des Erlebers selbst. Am Ende ihrer Wege fand er nichts Beständiges, dem man hätte vertrauen können.

BEDINGUNGEN IN NORDINDIEN

Das damalige Indien war von einer ungewöhnlichen geistigen Offenheit geprägt, ähnlich dem alten Griechenland, der Renaissance und unseren eigenen 60er Jahren. Obwohl in den 60ern viele der besten Leute an die Drogen verlorengingen, war der breite Sturmlauf gegen den Materialismus von höchstem Sinn. Die Menschen waren offen und wollten etwas für alle Wesen. Man hatte hohe Ziele, vertraute dem Geist und war weder weltlich noch snobistisch. Buddhas Umfeld mag im Vergleich zur heutigen Zeit prüder gewesen sein, aber in bezug auf die Klarheit der Lebensanschauungen waren viele Zuhörer bewußter. Materialismus, Nihilismus, Idealismus, Transzendentalismus, Existentialismus waren schon damals vertreten, und die Leute erwarteten darüber hinaus, daß diese ihr tägliches Leben positiv beeinflußten.

Dieser letzte Punkt, daß eine Weltanschauung das Leben bis ins kleinste durchdringen soll, liegt der westlichen Kulturgeschichte fern. Hier war es eher so, daß irgendwo in Deutschland ein Professor mit einem schwer auszusprechenden Namen eine neue Sichtweise hervorbrachte. Einige junge Künstler waren davon begeistert und fingen daraufhin an, die Gedichte anders zu schreiben und die Torbögen auf neue Art zu bauen. Fünfzig Jahre später setzte dann der nächste Professor wieder eine andere Sicht in die Welt, und noch einmal änderten sich Gedichte und Torbögen.

Zu Buddhas Zeit wollten die Leute mehr. Man erwartete, daß eine Lebensphilosophie über die persönlichen Wünsche und Erwartungen hinausgehe und von Dauer sei und daß sie gleichzeitig einen praktischen Weg beinhalte. Die Belehrungen mußten eine Grundlage haben, anwendbare Mittel besitzen und ein erreichbares Ziel aufweisen. Mit Behauptungen ging man sehr achtsam um: Sobald jemand eine Anschauung vertrat, die ein anderer widerlegen konnte, wurde er dessen Schüler – so verlangte es die geistige Ehrlichkeit jener Zeit.

ERLEUCHTUNG UND BEGINN DER LEHRTÄTIGKEIT

Nach sechs Jahren in der damals noch angenehmen Tiefebene Nordindiens ging Buddha zu dem Ort, der heute Bodhgaya heißt – zur Zeit ein Dorf voll ausländischer Tempel und indischer Bettler. Bodhgaya liegt auf zwei Drittel der Strecke zwischen Neu Delhi und Kalkutta, im heute hoffnungslos übervölkerten Staat Bihar. Sobald er dort ankam, erwachten die Versprechen, die er während vieler Leben gemacht hatte. Er setzte sich unter einen laubreichen Baum mit dem festen Entschluß, so lange in Meditation zu verweilen, bis er fähig sein würde, allen Wesen zu nützen. Nach sechs Tagen und Nächten erlangte er am siebten Morgen die Erleuchtung. Dieser Tag war sowohl sein 35. Geburtstag als auch sein späterer Todestag. An diesem Vollmondmorgen im Mai lösten sich die letzten Schleier von seinem Geist, und jede Vorstellung von Trennung zwischen Raum und Schwingung in ihm und um ihn herum verschwand. Männliches und Weibliches ergänzte sich entsprechend den höchsten Belehrungen durch die Vereinigung mit Sarwa Buddha Dakini, einer weiblichen Buddhaform. So wurde er bewußter Raum, nicht begrenzt von Vergangenheit, Gegenwart und Zukunft. Durch jedes Atom kannte und war er alles.

Die ersten drei Wochen danach blieb Buddha unter dem Baum sitzen, meiner Meinung nach, um seinen Körper an die riesigen Kraftströme der Erleuchtung zu gewöhnen. Während dieser Zeit kamen vor allem viele Götter zu ihm, um seinen Segen zu erhalten und bei ihm Zuflucht[2] zu nehmen.

---

[2] Zuflucht (Tib.: Khyab Dro): Sie ist die Begegnung mit der eigenen Buddhanatur. Man wendet sich den Werten zu, auf die wirklich Verlaß ist. Man nimmt Zuflucht zum Buddha als Ziel, zum Dharma – der Lehre – als dem Weg, und zur Sangha – den Praktizierenden – als den Freunden auf dem Weg. Im Diamantweg nimmt man zusätzlich Zuflucht zum Lama.

Sieben Wochen nach seiner Erleuchtung gab er bei Sarnath die erste Belehrung für Menschen. Diese Stadt liegt elf Kilometer von Benares entfernt, dem für die Hindus so heiligen Ort. Hier verbrennen sie ihre Toten und werfen die Überreste in den Ganges. Zu einer gelungenen Pilgerfahrt gehört außerdem, im Fluß zu baden und sein Wasser zu trinken.

Fünf Suchende kamen hier zu ihm, die man heute als sehr selbstbezogen bezeichnen würde. Sie waren in der falschen Weise »heilig«: nicht heil und voller Kraft, sondern eher »tot«. Es waren die humorlosen Kunden, die ich heute schnell woandershin schicke. Ihr Hauptziel war, nur das eigene Leid loszuwerden. Buddha hatte sie damals während seiner Fastenzeit sehr beeindruckt. Als er jedoch seinen Körper wieder stärkte, fanden sie das zu weltlich und verließen ihn.

Jetzt sahen sie ihn strahlend dasitzen und mochten seine gelöste Kraft gar nicht. Sie versuchten, ihn zu übersehen, doch in seinem Kraftfeld hatten sie keine Wahl. Sie mußten ihn fragen: »Warum strahlst du so? Wie bist du so geworden?« Als Antwort erhielten sie die »Vier Edlen Wahrheiten«, die in den verschiedenen Schulen leicht unterschiedlich ausgedrückt werden. Sie lauten in etwa so: »Bedingtes Leben ist Leiden. Es gibt eine Ursache für dieses Leid. Es gibt ein Ende des Leidens und einen Weg der zu diesem Ende führt«

BUDDHAS LEHRE

DER KLEINE WEG (THERAVADA) – DIE VIER EDLEN WAHRHEITEN

Mal mehr, mal weniger ausgelegt, bildeten die »Vier Edlen Wahrheiten« den Rahmen für Buddhas Belehrungen in den folgenden 45 Jahren. Sie beeinflussen nach wie vor alle buddhistischen Wege. Damals wurden sie zuerst in einer Form gegeben, die selbstbezogenen Menschen entsprach.

Buddhas erste Aussage lautete: »*Es gibt Leid.*« Wer das zum ersten Mal hört, denkt wahrscheinlich: »Was für ein Weltschmerz ist das denn?« oder »Wem will er denn diesen Trip verkaufen?« Andere Religionen treten ganz anders auf und behaupten: »Mein Gott ist stärker als deiner.« oder »Allahs Rache ist gnadenlos und unfehlbar.« Sie geben den Leuten das Gefühl, Teil einer großen Sache zu sein.

Tatsächlich beinhaltet diese erste Aussage Buddhas aber ein riesiges Versprechen, sie deutet auf grenzenloses Glück hin. Fast jeder vergißt die Bedingtheit aller Erfahrungen, daß sie nämlich von der Ebene abhängen, auf der sie gemacht werden. Ganz gewiß muß kein Buddha den Leuten erzählen, daß sie glückliche und unglückliche Tage erleben. Seit zwanzig Jahren zeigen mir die täglichen Gespräche, daß die Men-

21

schen selbst sehr genau wissen, wie es ihnen geht. Diese Fähigkeit ist unabhängig von ihrer Intelligenz. Sie brauchen jedoch einen Buddha für das, was sie nicht wissen. Ohne ihn verpassen sie die nicht-bedingte Bewußtseinsebene, die Sicht der höchsten Freude, die von der Erleuchtung untrennbar ist.

»Es gibt Leid« bedeutet einfach, daß neben der ständigen Frische der Erleuchtung jede Erfahrung »dünn« ist. Im Vergleich zu der Strahlkraft des offenen und unbegrenzten Raumes ist alles Leid, sogar die spannendsten Augenblicke von Furchtlosigkeit oder Liebe. Auch die schönste Welle ist weniger erfüllend als das Meer selbst.

Deshalb ist diese erste der Vier Edlen Wahrheiten Buddhas keine Schwarzmalerei, wie es für viele bei oberflächlicher Betrachtung aussieht, sondern etwas sehr Erhebendes: Wer darauf hinweist, daß das wahre Wesen des Geistes vollkommener ist als alles bisher Erlebte, macht uns grenzenlos reich.

Buddhas zweite Aussage lautete: »*Leid hat eine Ursache*«. Aber welche? Buddha kennt hier nur einen Gauner: die grundlegende Unwissenheit des unerleuchteten Geistes. Buddha zeigt dessen Unfähigkeit, wahrzunehmen, daß Seher, Gesehenes und Sehen sich gegenseitig bedingen und Teile derselben Ganzheit sind. Der Geist eines Unerleuchteten arbeitet wie ein Auge: Er sieht äußere wie innere Vorgänge, aber er sieht sich selbst nicht. Man kann sich so vieler Dinge bewußt sein, Größe, Länge, Form, Geschmack, Farbe oder Gewicht aller Gegenstände wahrnehmen und höchst vergängliche Gedanken und Gefühle sehr ernst nehmen. Sucht man aber solche Anhaltspunkte beim Geist, wird klar, wie wenig der Erleber sich selbst sieht. Man weiß viel über die Erscheinungen, aber nichts über denjenigen, der sie erfährt. Diese Unfähigkeit des Geistes, sich selbst zu erkennen, ist der Ursprung der bedingten Welt, die Ursache für alles Leid.

Aufgrund dieser begrenzten Erfahrungskraft entsteht eine zweiheitliche (dualistische) Sichtweise, das heißt, die unterschiedlichen Eigenschaften des Geistes werden als voneinander getrennt erlebt. Man erfährt die raumgleiche Natur des Geistes als ein »Ich« und das, was in diesem Raum erscheint, als ein »Du«, beziehungsweise als äußere Welt. Obwohl sich alles ständig ändert und weder dauerhaft noch tatsächlich vorhanden ist, glaubt man dennoch, daß Erscheinungen wirklich seien. Wegen der Trennung zwischen einem »Ich« und einem »Du«, einem »Hier« und einem »Dort«, entstehen die hauptsächlichen Störgefühle: *Anhaftung, Widerwillen* und vor allem *Verwirrung.* Durch Anhaftung entsteht *Geiz:* Was man mag, will man selbst behalten. Aus Widerwillen entwickelt sich *Neid,* weil man diejenigen, die man nicht mag, nicht glücklich sehen will. Schließlich wird Verwirrung zum ausschließenden *Stolz,* weil man die herrschenden Bedingungen wie Jugend, Besitz oder Schönheit, die vielleicht gerade besser sind als bei anderen, als wirklich ansieht und ihre Vergänglichkeit nicht erkennt. Es gibt auch einen glückbringenden, einbeziehenden Stolz, den »Sind-wir-nicht-alle-toll-Stolz«. Er beruht auf der Einsicht, daß alle Wesen letztendlich Buddhas sind, und ist nur von Vorteil.

Diese sechs ersten *Störgefühle*, die der Geist aus Unwissenheit hervorbringt, können 84.000 mögliche Verbindungen eingehen. Obwohl sie sich die ganze Zeit verändern, nimmt man sie dennoch ernst. Man kann nicht erkennen, daß sie früher nicht da waren, später nicht mehr da sein werden und sich auch augenblicklich laufend verändern – und daß es deswegen dumm wäre, ihnen jetzt zu folgen. Also steigt man voll ein, schenkt den Gefühlen seinen Körper, Rede und Geist und sät so ständig neue Samen des Leids und der Verwirrung ins eigene Speicherbewußtsein und in die Welt. Das kann nur zu weiteren Schwierigkeiten führen. Innere und äußere Hindernisse werden erscheinen, und wenn das geschieht, glaubt man normalerweise, daß die anderen daran schuld seien. Man vergißt, daß man für die Ursache selbst verantwortlich ist. So tut, sagt und denkt man wiederum Schädliches, was erneut zu Leiden führt, und so fort. Buddha hebt deswegen die Unwissenheit als Hauptursache allen Leidens hervor. Seine Worte bedeuten im Klartext: die Wesen erkennen ihre wahre Natur nicht.

Die dritte historische Aussage Buddhas bei dieser Begegnung vor 2550 Jahren ist wirklich wunderbar. Er versicherte: *»Es gibt ein Ende vom Leid«*, einen vollkommenen Zustand, den er selbst ständig erfahre. Seit seiner Erleuchtung zeigte Buddha ununterbrochen die letztendliche Wahrheit des Geistes: Seinem Wesen nach ist das Bewußtsein allwissender, furchtloser Raum, seine Erfahrung ständige höchste Freude. Aus eigener Kraft drückt sich in jeder seiner Handlungen nichttrennendes Mitgefühl aus. Ohne feste Vorstellung von einem, der etwas für einen anderen tut, ist der Geist wie die Sonne, die von sich aus strahlt.

Buddhas vierte und letzte Aussage war: *»Es gibt einen Weg zum Ende des Leids«*. Dieser besteht in der Anwendung zeitlos wirksamer Mittel wie zum Beispiel der Meditationen, die auf der Diamantwegsebene die Eigenschaften von Körper, Rede und Geist voll nutzen. Buddha lehrte ununterbrochen seit seiner Erleuchtung. Ständig umgeben von spannenden und hochbegabten Leuten, vermittelte er 45 Jahre lang die 84.000 Belehrungen, die noch heute jedem offenstehen.

Der Grosse Weg (Mahayana) – Mitgefühl und Weisheit

Acht Jahre nach seiner Erleuchtung kamen ganz andere Leute zu Buddha nach Rajgir, auf eine Bergspitze unweit von Bodhgaya. Diese Schüler hatten Überschuß für andere und die Fähigkeit zu einer weiten, überpersönlichen Sichtweise. Buddha zeigte ihnen, wie Mitgefühl gestärkt werden kann, bis die Trennung zwischen Erleber, Erlebtem und Erleben wegfällt. Zugleich gab er ihnen Mittel zur Entfaltung ihrer natürlichen Weisheit. Durch seine Hilfe lernten sie zu sehen, was tatsächlich anlag, ohne sich dabei an Hoffnungen und Befürchtungen zu klammern. Er bestand darauf, daß sich Mitgefühl und Weisheit ergänzen müßten, verglich sie mit Beinen und Augen, die ja auch zusammenwirken würden. Mitgefühl allein führt zu Dogmen und Gefühlsduselei, während Weisheit allein kalt und besserwisserisch macht. Deshalb braucht der Mensch beide Eigenschaften.

Mitgefühl

Auf der ersten Stufe des Mitgefühls mag man die Menschen, wenn sie den eigenen Erwartungen entsprechen. Diese Ebene haben bestimmt viele verwirklicht, sie liegt dem Ordnungssinn sehr nah.

Die zweite Stufe beginnt da, wo man den Leuten auch dann Gutes wünscht, wenn sie Fehler machen oder schwierig sind. Hier gilt es zu verstehen, daß die Ursache ihres Verhaltens nicht Bosheit, sondern Unwissenheit ist. Alle Wesen wollen Glück. Weiß man aber nicht, was zum Glück führt, und handelt falsch, verschafft man sich statt dessen leicht Leid. Die meisten greifen leider in die Brennesseln statt in die Blumen.

Die dritte Stufe des Mitgefühls liegt jenseits persönlicher Einengung. Es ist wie die Sonne, die mühelos auf alle strahlt. Man macht auf dieser Ebene unbeirrt, was vor der Nase liegt, und die Leute bekommen das Gute, das ihrem Karma und ihrer Begabung nach möglich ist. Dieses nicht-unterscheidende Mitgefühl, das über jede Begrenzung hinausgeht, ist vollkommen.

Man unterscheidet dabei das Mitgefühl eines Königs, der sich vor dem Geben erst selbst stärkt, das eines Fährmannes, der alle mit sich nimmt oder das eines Schäfers, der zuerst an alle anderen denkt. Man sollte hier seiner Veranlagung folgen, aber da der Trick das Vergessen des vorgestellten „Ichs" ist, kommt der Schäfer zuerst ins Ziel. Wie dem auch sei, die beiden ersten Stufen können mit schönen Bildern verglichen werden, die im Spiegel unseres Geistes erscheinen, die dritte Stufe ist die Strahlkraft seines klaren Raumes selbst. Zunächst wird man die Erfahrung davon nicht festhalten können. Doch einmal wirklich erkannt, hört das Strahlen nie mehr auf.

Weisheit

Es gibt zwei Sorten von Weisheit. Die eine – weltliche – bezieht sich auf alles Äußere und alles Innere, das sich im Geist abspielt; die andere – befreiende – zielt auf den Geist selbst.

Die erste lernt man in Schulen und Hochschulen. Sie ermöglicht es, in kurzer Zeit mehr Geld zu verdienen, spannendere Arbeiten auszuführen und mit mehr Schulden zu sterben als der Ungebildete. Diese Art der Weisheit beschränkt sich nur auf Vergängliches. Wird man am Ende fortgetragen, ist der Nutzen vorbei. »Das letzte Hemd hat keine Taschen«, wie auch wir Dänen auch sagen.

Die befreiende und erleuchtende Weisheit des Geistes hingegen geht niemals verloren. Da sein Wesen offen, klar und unbegrenzt ist, da der Geist niemals geboren wurde und auch nicht sterben kann, ist jede seiner Eigenschaften ohne Bedingung und dauerhaft. Von Leben zu Leben bleiben gereinigte Stellen im Spiegel des Geistes, und erworbene überpersönliche Verwirklichungen werden einem immer mehr zur Seite stehen.

Wie erkennt der Geist sich selbst? Indem man ihn mit noch mehr Ideen und Vorstellungen versorgt? Nein, im Gegenteil. Das Nicht-Ernstnehmen der Gedanken ist der Weg. Sogar die Mönche der »Tugendhaften« oder Gelugpa-Linie des Tibetischen Buddhismus, die oft tagelang über Texte debattieren, können der Wahrheitsnatur nichts hinzufügen. Indem man den Erleber im eigenen Raum verweilen läßt und alles als sein freies Spiel ansieht – Erleuchtung ist nichts anderes als das –, beruhigt und überwindet man die Störungen im Geist. So entsteht zuerst befreiende und dann erleuchtende Weisheit, und die Welt wird gleichzeitig erkannt, wie sie tatsächlich ist und wie sie erscheint: als leer von Eigenwesen und gegenseitig bedingt.

Was unerleuchtete Wesen von dieser Sicht abhält, ist die grundlegende Unwissenheit. Sie kann in vier oder zwei Schleier unterteilt werden:

Im ersten Fall unterscheidet man die grundlegende Unwissenheit, die daraus entstehenden Störgefühle, die ihnen folgenden Taten und schließlich die Gewohnheiten, die sich dabei entwickeln.

Nach der zweiten Einteilung sind die sich ständig ändernden Geisteszustände das erste Hindernis auf dem Weg: Wer zwischen bedingtem Glück und Leid, zwischen Mögen und Nichtmögen hin- und herschaukelt, wird wenig von dem mitbekommen, was wirklich geschieht. Und das zweite Hindernis sind die steifen Vorstellungen, die Einengung der Erfahrung durch Begriffe. Der auf den Mond zeigende Finger ist nicht der Mond, Wörter und Vorstellungen sind nur Schatten der Erfahrung.

Welche Einteilung man auch wählt – der gute Kuchen von Buddhas Lehre läßt sich beliebig schneiden –, wenn alles Einengende entfernt worden ist, verwirklicht der Geist sein eigentliches Wesen. Ist er jedoch unfähig, sich als alles durchdringend wahrzunehmen, erscheint ein Gefühl von Trennung. Daraufhin melden sich die Störgefühle. Wer diese nicht als unwirklich und nicht als Selbstbefreiung des Geistes sehen kann, wird von ihnen getrieben. Die Folge sind schlechte Gewohnheiten, verbunden mit unangenehmen Ergebnissen. Unwissend, daß man selbst die Kakteen gesät hat, auf denen man nun sitzt, tut, sagt oder denkt man wieder etwas Sinnloses, was in der Zukunft Leiden verursachen wird. Auf diese Weise läuft es seit anfangloser Zeit. Also ist die Vorstellung von einem »Ich hier« und »Du da« die Ursache aller Schwierigkeiten. Sie erzeugt Anhaftung an Erwünschtes und Widerwillen gegen Unerwünschtes. Das Aufgeben der Vorstellung eines »Ich« hingegen bedeutet eine riesige Befreiung. Die Einsicht, daß es kein wahres »Selbst« gibt, entfernt umgehend jedes eigene Leid.

Da die störenden Gefühle von den Betroffenen so ernst genommen werden, hier noch einige Hilfen, um sie für den Weg zu nützen:

Die Störgefühle – Quellen der Weisheit

Schwer beherrschbare Geisteszustände, in anderen Religionen oder Weltanschauungen als »Sünden« oder als »unsozial« angesehen, verwendet Buddha auf der höchsten Ebene seiner Lehre, im Diamantweg, als Rohstoff für die Erleuchtung. Durch eine Reihe geschickter Mittel, die in wachsendem Maße zur Fundgrube für Psychologie und Philosophie geworden sind, werden die *Störgefühle* zu den ihnen innewohnenden *Weisheiten*.

Buddha rät zu einer dreistufigen Beseitigung dieses eingebildeten, aber zähen Feindes. Zunächst vermeidet man die Umstände, die die Störgefühle erfahrungsgemäß hervorrufen. Zweitens versteht man ihr vergängliches, bedingtes und zusammengesetztes Wesen. Das Gefühl war fünf Minuten zuvor nicht da und wird auch fünf Minuten später wieder verschwunden sein: Es wäre also Unsinn, ihm jetzt zu folgen. Die Krönung ist, den Dieb durch ein leeres Haus laufen zu lassen, ohne daß er etwas finden kann. Man bleibt stur bei dem, was vor der Nase liegt und gibt dem Gefühl weder Anerkennung noch Kraft.

Wenn das immer besser gelingt, wird einem mit staunender Freude klar, daß Störgefühle nicht im Meer des Geistes einfach verschwinden, sondern in ihrer reinen Form wieder auftauchen, diesmal als *die fünf befreienden Weisheiten*. Die schwierigen Zustände sind die Grundlage dazu, ähnlich dem Abfall, der auch zu Dünger werden kann.

So entsteht Einsicht, wenn sich Zorn wieder im Geist auflöst. Man sieht alles *klar wie ein Spiegel*, fügt weder hinzu noch nimmt man irgend etwas weg. Der ausschließende Stolz wandelt sich in die Erfahrung von der *Vielseitigkeit und vom Reichtum aller Dinge* um. Anhaftung wird zur *unterscheidenden Weisheit*, zur Fähigkeit, Vorgänge sowohl einzeln als auch als Teile einer Ganzheit zu verstehen. Eifersucht – immer heimlich damit beschäftigt, gedanklich vorauszueilen oder an Vergangenem zu kleben – wird zur durchschneidenden *Erfahrungsweisheit*, und sogar Verwirrung (Dummheit) wird zu einer *alles durchdringenden Weisheit*. Man weiß, weil man von nichts getrennt ist.

Da viele, die Buddhas Weg gehen, noch lange Zeit mit unerwünschten inneren Zuständen ihre Schwierigkeiten haben, hier ein paar Anleitungen für Heim, Straße, Bett und Arbeitsplatz.

Bei *Zorn*: einfach einfrieren – sei wie der große Hund, der nicht bellen muß, weil er stark genug ist. Die Gegner sind eher verwirrt als bösartig und müssen sich Tag und Nacht selbst aushalten. Ihnen zu diesem Leiden noch einen Tritt zu versetzen, wäre unsportlich. Man sollte mit Weitsicht zum Besten aller der Lage begegnen und danach die Angelegenheit wieder vergessen. Wenn dies nicht möglich ist und wenn einige Frauen es wirklich brauchen, können sie sich noch kurz ihre Leiden vom Herzen reden. Übertreibt es aber nicht, dabei wird man leicht einsam.

Bei *Stolz* ist die Erinnerung an die Buddhanatur aller Wesen ein geeignetes Gegenmittel, samt der Einsicht, daß Himmel und Hölle zwischen unseren Ohren oder Rippen geschehen oder dort, wo wir sonst unseren Geist vermuten. Sehen wir die Wesen als spannend und bedeutend, bringt das nur Freude. Suchen wir hingegen die Fehler der anderen, werden wir geistig arm und sind immer in schlechter Gesellschaft.

Was das große Feld *Anhaftung – Gier – Geiz* betrifft, erlauben hoffentlich gute karmische Bände aus früheren Leben, daß man die drüsenbedingten Begierden zur beiderseitigen Freude mit anderen ausleben kann. Was für einen selbst nicht erreichbar ist, sollte man wenigstens anderen wünschen und sich zugleich der Vergänglichkeit aller bedingten Reize bewußt sein. Nur Erleuchtung ist letztendliches Glück. Schließlich bedeutet es wenig, ob man in einem VW-Käfer oder einem Mercedes zum Grab gefahren wird.

Eifersucht ist vor allem zäh, kann sich von allem und nichts ernähren und hält lange dieselbe unterschwellige Spannung im Geist aufrecht. Sie ist deswegen ein ausgezeichnetes »Labortier« für unseren Geist, zeigt ihm deutlich, wie stark er sich von seinen Bildern bereits losgelöst hat. Ich kenne hier nur eine einzige Kur, die aber im Nu viel Luft bringt: man wünsche dem, der die Ursache dieses Gefühls ist, soviel von dem, was man selbst begehrt, daß es völlig in die Märchenwelt abhebt. Zum Beispiel hundert Chormädchen oder sportliche Offiziere mit Schnurrbart jede Nacht und dazu die Gesundheit, um sie alle genießen zu können. Waren es dann tatsächlich nur zwei, kann man die guten Wünsche noch verstärken. Zur Umformung von *Dummheit*: manche werden weder die Quantenphysik verstehen können, noch die 16 Ebenen der Leerheit[3] im Buddhismus. Das muß kein Problem sein, denn der Geist ist geschmeidig. Wenn man nur richtig meditiert und im Fluß lebt, werden andere Fähigkeiten wie Einfühlung (Intuition) fehlende Bereiche abdecken können. Verwendet man Buddhas Ratschläge so, wie er sie gibt, und ohne sie verbessern zu wollen, wird der Geist wie die schon sprichwörtliche Tasse Kaffee, die alles widerspiegelt, wenn sie nicht mehr geschüttelt wird und zur Ruhe gekommen ist. So entsteht die alles durchdringende Weisheit, auch Eingebung genannt. Man weiß die Sachen, weil man mit ihnen eins ist. Der Raum trennt nichts und vermittelt alles.

So stellt Buddha also das Ziel dar. Er bestätigt im später gegebenen Diamantweg, daß Furchtlosigkeit, Freude und Mitgefühl sowie die vier Tatbereiche und die fünf Weisheiten das wahre Wesen eines jeden ausmachen. Der Unterschied zwischen ihm und anderen ist bloß, daß er bereits das Nötige getan hat, um Vollkommenheit zu erleben. Wir müssen diese Arbeit noch leisten.

---

[3] Leerheit (Tib.: Tongpanyi, Skt.: Shunyata): Leerheit bedeutet, daß nichts aus sich selbst heraus, sondern aufgrund von Bedingungen entsteht. Sie ist die letztendliche Natur aller äußeren und inneren Phänomene, die nicht durch Begriffe erfaßt wird.

DER DIAMANTWEG (VAJRAYANA)

Rajgir in Nordindien war der Ort für die zweite und innere Belehrung Buddhas, des eben beschriebenen Weges zu Mitgefühl und Weisheit. Zu verschiedenen Zeiten und Stellen suchte ihn noch eine dritte Sorte Schüler auf. Es waren schöpferische Leute voller Lebenskraft und Freude, spannend und mit viel innerem Reichtum ausgestattet. Die eigene Nähe zur Erleuchtung trieb sie unaufhaltsam an. Sie konnten den Buddha nicht als etwas Außenstehendes oder von ihnen Getrenntes erleben. Indem sie seine Schwingung als die eigene Einsicht und Liebe wiedererkannten, die in ihnen selbst über so lange Zeit herangewachsen war, entstand starke Hingabe.

Dieses Gefühl hat viele Seiten und kann zu sehr unterschiedlichen Ergebnissen führen. Khomeini, Pol Pot, Hitler und Stalin waren zweifelsohne »schlecht«. Sie konnten nur so gewaltig viel Glück und so viele Leben zerstören, weil dumme, unwissende Leute sich ihnen gegenüber öffneten. Andererseits hat Hingabe zu Buddha und zu anderen guten Lehrern vielen sehr geholfen. Da die Lehre jenseits aller Zweiheit (Dualität) führt, wurden über die Jahrhunderte hinweg unzählige Wesen befreit und erleuchtet oder konnten ein sinnvolleres, bewußteres Leben führen.

Es ist sinnvoll, die riesige Kraft der Hingabe zu verstehen. Ihre Ursache ist ein Wiedererkennen: Trifft man auf etwas, das dem eigenen Wesen entspricht, wird man unweigerlich ergriffen. Schließlich sieht man ja das eigene Gesicht! Ein Khomeini spiegelt also den eigenen Haß wieder, während Buddha einem das innere Licht, die Natur des Geistes zeigt. Entscheidender als das Gefühl der Hingabe ist also der betrachtete Gegenstand.

Da der Diamantweg die Buddhaaktivitäten zum Besten aller Wesen am schnellsten hervorbringt, wollen wir hier die einzelnen Tatbereiche, die einen Lehrer und einen jeden letztendlich ausmachen im Einzelnen beschreiben. Man soll wissen, daß die *befriedenden, bereichernden, mitreißenden* und *kraftvoll schützenden Taten* spontan auf dem Weg der Entwicklung entstehen, wenn sie benötigt werden.

Die vier Tatbereiche (die Buddhaaktivitäten)

Mühelos und alle Möglichkeiten der Lage ausschöpfend, bringt ein Lehrer mit Hilfe von befriedenden, bereichernden, mitreißenden und kraftvoll-schützenden Taten die Wesen zur Reife.

<u>Befriedend</u>: Sind die Schüler zerbrechlich oder schwierig, gibt man ihnen am besten Raum. Bei den Verwundbaren ist das einleuchtend, aber ist man sicher, daß man dadurch keiner notwendigen Auseinandersetzung aus dem Wege geht, ist Befriedung auch oft bei den »Härtefällen« das richtige Mittel. Diese machen häufig Schwierigkeiten, um sich vom eigenem inneren Druck abzulenken und wenn sie auf keinen Widerstand mehr stoßen, platzen die eigenen Neurosen auf. Der Lehrer kann dann mit diesem Rohstoff arbeiten und für die Zukunft ihre erhaltenswerten Eigenschaften genießbarer aufmischen.

<u>Bereichernd</u>: Wenn durch die Befriedung ein Überschuß für andere entstanden ist, bringt der Lehrer einem Schritt für Schritt den Reichtum des Lebens näher. Versucht man nämlich auf einmal zu viel, zu schnell zu tun und fällt man dabei auf die Nase, bekommt das vorgestellte Ich (Ego) eine Entschuldigung, seinen Stellung erneut zu festigen. Bei den ersten beiden Tatbereichen braucht der Lama nur zu beobachten, ob die Schüler selbstständig werden, eine robuste Laune dem

---

[4] Lama (wörtl. übers.: »höchste Mutter«: Lehrer. Er ist im Diamantweg besonders wichtig, ohne ihn gibt es keinen Zugang zu den tiefsten Belehrungen.

Sex und dem Leben gegenüber entwickeln und Überschuß für andere zeigen.

Was die beiden weiteren Bereiche betrifft, muß der Lehrer sich besonders verantwortlich zeigen und vor allem die eigene Einstellung überprüfen.

Mitreißend: Hat man die Kraft, andere zu beeinflussen, ist sehr schnelles Wachstum möglich. Man kann aber auch grossen Schaden anrichten: Die religiösen Skandale der letzten Jahre um die Welt waren unter anderem Massenselbstmorde bei christlichen Sekten in Amerika und in der Schweiz; zutiefst katholische Stämme in Afrika, die eine Million ihresgleichen mit stumpfen Macheten zerhackt haben; Hindu-Gurus, die sehr reich und gleichzeitig sehr komisch wurden und ein Yoga-Lehrer, der Nervengas in der U-Bahn Tokyos ausströmen ließ. Sicher erwartet kein zeitungslesender Mensch etwas anderes als Haß und Unterdrückung von Seiten des Islam, aber auch ehrenwerte Mönche und Lamas haben sich riesige Peinlichkeiten in Buddhas gutem Namen geleistet. Obwohl das Ziel seiner Lehre nie das Einhalten der Gebote eines starrsinnigen Gottes war, sondern immer die volle Entwicklung unseres Geistes, – was eigentlich ein begabtes Verhalten fördern sollte – scheint es dennoch schwierig, dieses Beispiel in die Welt zu tragen. Egal, ob einzelne Rinpoches oder Lamas sich von den chinesischen Zerstörern ihres eigenen Landes kaufen lassen oder die Lehrer großer buddhistischer Vereine wie bei Dharmadhatu und Rigpa Skandale verursachen: jede Tat, die das Vertrauensverhältnis vom Schüler zum Lehrer mißachtet, ist für die wachsende Zahl heller Köpfe entmutigend, die sich dem Buddhismus zuwenden, um ihr Leben wertvoller zu machen.

Dabei ist die Lage des buddhistischen Lehrers überhaupt nicht schwierig. Er muß kein gekünsteltes Gesicht aufsetzen oder etwas vorgeben. Der Arbeitsraum des Lamas ist riesig, und ob man Alleinschläfer, Laie oder Yogi ist; die Schüler schützen heißt nur, daß man dasselbe sagen und tun muß. Die Entscheidung liegt dann auf Seiten der Schüler, die Lehrer mit samt ihren so offen zur Schau gestellten Eigenschaften zu wählen oder nicht. Im Diamantweg ist das besonders wichtig, da man hier die Merkmale des Lehrers im Laufe der Zeit voll verwirklicht. Möge diese ehrliche Durchsichtigkeit den neuen westlichen Laienlehrern besser gelingen als vielen der »Würdenträger«, von denen wir jetzt das Ruder übernehmen. Kulturen entsprungen zu sein, in denen man als Kind regelmäßig geschlagen wird, bleibt offensichtlich ein lebenslanges Hindernis.

So, was sind dann meine Ratschläge auf diesem heiklen, aber fruchtbaren Feld an meine Lama-Kollegen?

Niemals zu vergessen, daß die einzige Aufgabe die ist, unsere Schüler selbstständig, mitfühlend und stark zu machen. Immer ihre besonderen Eigenschaften zu feiern und glücklich zu sein, daß es möglich ist, so viel Gutes zu teilen. Uns niemals besser als andere zu fühlen oder uns mit Folgern zu umgeben, die uns bedienen oder loben sollen. Wir können Liebe und Spannung und alles andere teilen, was Schülern UND Lehrern nutzt, aber dürfen dabei niemals unsere Stellung mißbrauchen. Da wir auf dem Feld des Geistes die Übersicht haben, sind wir so lange für die Entwicklung unserer Schüler verantwortlich, wie sie ihr Band zu uns halten – und selbst Buddha wollte nur »erster unter Gleichen« sein.

Schließlich hier der vierte Tatbereich, der auch viel Selbstbeobachtung fordert.

Kraftvoll-schützend: So wie Stolz zu vermeiden ist, wenn Gefühle der Anhaftung walten, darf bei schützenden, und wenn nötig zerstörenden, Handlungen kein Zorn dabei sein. Nur wer den zukünftigen Buddha in anderen sieht, kann sie

Der »Weg der Mittel«, der »Geheime Weg« und der »Weg der Einsicht« im Diamantweg

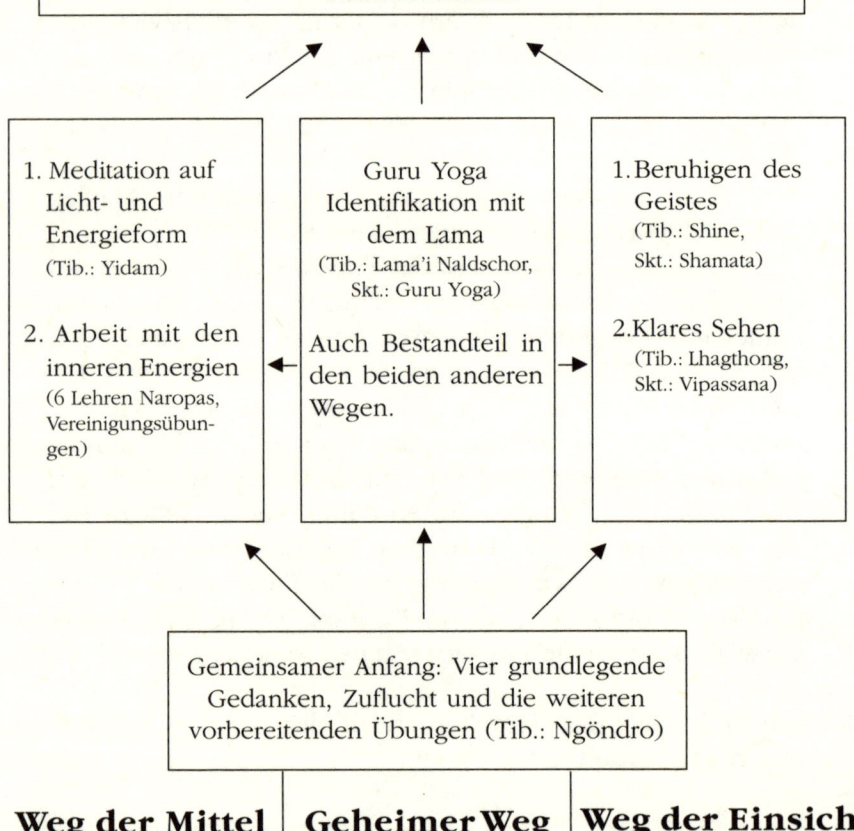

Gemeinsames Ziel: Verwirklichung und höchste Sicht in einem Schritt oder über die vier Stufen des **Mahamudra**: »Einsgerichtetsein«, »Ungekünsteltsein«, »Ein-Geschmack« und »Nicht-Meditation«

1. Meditation auf Licht- und Energieform
(Tib.: Yidam)

2. Arbeit mit den inneren Energien
(6 Lehren Naropas, Vereinigungsübungen)

Guru Yoga Identifikation mit dem Lama
(Tib.: Lama'i Naldschor, Skt.: Guru Yoga)

Auch Bestandteil in den beiden anderen Wegen.

1. Beruhigen des Geistes
(Tib.: Shine, Skt.: Shamata)

2. Klares Sehen
(Tib.: Lhagthong, Skt.: Vipassana)

Gemeinsamer Anfang: Vier grundlegende Gedanken, Zuflucht und die weiteren vorbereitenden Übungen (Tib.: Ngöndro)

Weg der Mittel
von Naropa an Marpa

Geheimer Weg

Weg der Einsicht
von Maitripa an Marpa

hart behandeln, ohne dabei Fehler zu machen. Selbst wenn der Lehrer versprochen hat, andere mit Körper, Rede und Geist zu schützen, muß er sich sich zunächst vergewissern, ob seine Taten nicht den eigenen Vorteil suchen. Man muß hier der gute Arzt sein, der nicht für seinen Ruhm schneidet, sondern um einen späteren größeren Schaden zu vermeiden.

Möglichkeiten im Diamantweg

Wer erhielt überhaupt die dritte Ebene von Belehrungen? Wenn seine Schüler die nötige Offenheit hatten, lehrte Buddha den Diamantweg und das Mahamudra. Durch die Begegnung seines Geistes mit ihrer innewohnenden Einsicht, führte er sie zur Erleuchtung. Insgesamt besteht diese höchste beziehungsweise dritte Ebene aus drei verschiedenen Zugängen (siehe linksstehende Abbildung). Ein Weg der »Hingabe«, einer der »Mittel« und einer der »Einsicht«, wobei sich der Geist entweder durch Identifikation, Energie oder Bewußtheit erkennt.

Wenn der Lehrer ohne geheime Tücken ist, ist das Guru Yoga der schnellste Weg, so wie er heute von der Karma-Kagyü-Linie im Westen verwendet wird. Er ermöglicht einem, alltägliche Begebenheiten zu nützen, um das Vollkommene im Hier und Jetzt zu erkennen. Es läßt den Schüler alles im Leben runder, sinnvoller und lebensnäher erfahren als beim Weg der »Einsicht« oder dem der »Mittel«. Da nicht jeder Lehrer unerschütterlich ist und nicht jeder ein tiefes Vertrauen aufbauen kann, ist es nicht leicht, diesen Weg zu gehen. Wenn der breite Stiel von allgemein interessierten zukünftigen Buddhisten der Speerspitze meiner Yogi-Schüler folgt, die jetzt den Vorstoß des Diamantweges in die Welt wagen, wird die Übung des Guru Yoga vielleicht wieder mehr geheim.

Die Erhaltung auch der beiden anderen Wege sind dem großen Yogi Marpa zu verdanken. Vor ca. 950 Jahren reiste er dreimal während der Muslim-Angriffe auf die damalige Hochkultur Nordindiens nach Indien. Dort verwirklichte er die Übertragungen und brachte sie über den Himalaya nach Tibet.

Beim »Weg der Kraft« oder auch »Weg der Mittel« genannt, zeigte Buddha den Leuten ihr eigenes Wesen, indem er seinen Körper in reine Energie- und Lichtformen verwandelte. Er schenkte seinen Schülern den Zugang zu erleuchteten Rückkoppelungserfahrungen über ganz unterschiedliche männliche und weibliche, friedvolle, schützende und vereinigte Licht-Energie-Formen. Je nach Wunsch und Fähigkeit konnten sie nun auf Lichtformen meditieren, die bei ihnen innere Veränderungen hervorbrachten. Mit den Schwingungen der Mantren[5] öffnete er die Energiebahnen der Schüler und machte zur selben Zeit ihre Rede kraftvoll und befreiend. Schließlich brachte die Verschmelzung mit den Buddhaformen die mühelose Raum-Klarheit in ihren Geist.

Dieselbe Erkenntnisebene ermöglichte er auch durch den leichteren, aber wesentlich längeren »Weg der Einsicht«. Nachdem der Geist durch Verweilen auf den Atem, einen äußeren Gegenstand oder eine Buddha-Form zur Ruhe gekommen ist, entstehen seine Eingebung und Weisheit von selbst. Natürliche Krönung der Verschmelzung mit dem Lehrer und der Raum-Freude des »Weges der Mittel« und der Raum-Weisheit des »Weges der Einsicht« ist das Mahamudra.

Auf dieser höchsten Ebene teilte Buddha seine Erleuchtung so einfach und unmittelbar mit, daß wenige es vergessen konnten. Ob durch alltägliches Zusammenleben oder höchste Belehrungen, er ließ sie an der grenzenlosen Freiheit teilnehmen, bei der Seher, Sehen und Gesehenes eins sind. Diese Erfahrung ändert bis heute jeden. Wenn die geistigen Vorgänge entspannter und müheloser werden, wächst das Glück, und man fühlt sich in jeder Lage zu Hause. Nach einer solchen Begegnung mit der zeitlosen Wahrheit dauert es nicht

---

[5] Mantra (Tib.: Ngag): natürliche Schwingung eines Buddhaaspekts. Wo es benutzt wird, ist Buddha anwesend. Wichtiges Element der Diamantwegpraxis.

mehr lange, bis der letzte Schleier vom Geist fällt.

Über die Jahre hinweg sind mehrere meiner tüchtigen Schüler Professoren für Tibetisch und für Buddhismus an verschiedenen Universitäten geworden, und ich finde das gut. Vor allem freue ich mich, wenn ich sehe, daß Menschen besser leben, sterben und mit Sicherheit besser wiedergeboren werden, vielleicht sogar durch die Beherrschung des kostbaren »Phowa«, jener Meditation, die die Befreiung im Augenblick des Todes bringt. Ich habe dieses geheime Mittel des Diamantweges schon an über 15.000 Westler rund um die Welt weitergegeben, und selbst die Tibeter staunen über unsere Ergebnisse. Viele, die meinten, daß man in fernen Ländern leben müsse, um den Diamantweg zu gehen, sind jetzt fleißig dabei umzudenken.

Unsere Zentren[6] entwickeln neben den alten tibetischen Schulen – unserem Ursprung – und anderen sehr traditionellen asiatischen Wegen seit den 70er Jahren einen offenen und westlichen Zugang zu Buddhas Diamantweg. Die kritische europäische Ausbildung erweist sich zu unserer wachsenden Freude als eine erstklassige Grundlage, und so kommen Buddhas höchste Belehrungen jetzt in die Hände von idealistischen und selbständigen Leuten rund um die Welt. Damit der dem Geist innewohnende Reichtum nicht durch Zölibat, starre Rituale und Hackordnung »erwürgt« wird und die frischen Leute nicht verzweifeln, bringen, wenn möglich, meine voll im Leben stehenden Schüler und ich die ersten Samen des Buddhismus in neue, sich der Lehre öffnende Länder der Welt. Alle, die bei meiner Arbeit mithelfen, sind für die Lebensnähe dieser Übertragung verantwortlich, dafür, daß diese nicht zur »Kirche« wird. Sie sollten sich deswegen ständig hinterfragen, die höchste Ebene der Belehrungen halten und an den eigenen Erfahrungen wachsen. Sonst gibt es keine Gewißheit,

---

[6] Zentrum: Ort, wo Buddhisten und am Buddhismus Interessierte sich regelmäßig zur gemeinsamen Meditation treffen.

daß etwas Tragfähiges vermittelt und keine weitere Ladung »Opium fürs Volk« in die Welt gesetzt wird. Mit dieser Einstellung Buddhist zu sein bedeutet, die Furchtlosigkeit, die selbst enstehende Freude und die tatkräftige Liebe des Raumes zu feiern. Es gibt keinen feineren Dank an Buddha und keinen größeren Nutzen für andere, als freudvoll sein Bestes zu geben.

Das war ein Überblick über die äußeren, inneren und geheimen Lehren, über Theravada, Mahayana und Vajrayana. Wie bereits erwähnt, war der Buddha bei seinem Tod höchst zufrieden mit seiner Arbeit, da er alles gegeben hatte, was die Wesen zur Erleuchtung brauchten. Dieses einmalige, dogmenfreie Geschenk wird seit jener Zeit ohne Unterbrechung weitergegeben.

ZIELE DER WEGE –
BEFREIUNG UND ERLEUCHTUNG

Ziel des Kleinen Weges – Befreiung

Der Weg zu diesem Ziel besteht aus zwei Schritten: Zuerst stellt man fest, daß es nichts Dauerhaftes im Körper gibt, nur Mengen herumschwirrender Atome. Dann wird einem klar, daß auch nichts Wirkliches in den Gedanken und Gefühlen zu finden ist. Obwohl sich äußere wie innere Erfahrungen »wirklich« anfühlen mögen, sind es lediglich sich ständig ändernde Gefühls- und Gedankenströme.

Diese Einsicht beeinflußt immer mehr die Lebenseinstellung und wird schließlich zur Dauererfahrung: Wenn die wahre Natur des Geistes Raum ist, klar und unbegrenzt, was könnte einem dann Schaden zufügen? Die Erkenntnis, daß es kein Selbst gibt, bedeutet, daß man niemals mehr Zielscheibe werden kann. Jedes Angegriffenwerden ist unmöglich, und bei Schmerz und Schwierigkeiten wird »ich leide« zur allgemeinen Beobachtung »es gibt Leid«. In allen Lebenslagen erkennt man das Streben der Wesen nach Glück. Sieht man gleichzeitig, wie sie sich wegen der Schleier im Geist ständig Leid zufügen, muß man ihnen einfach helfen!

Die südlichen buddhistischen Schulen sind mit der Erkenntnis, daß es kein Selbst gibt, zufrieden. Wenn der Schleier der Störgefühle entfernt ist und die »Befreiung« erreicht ist, ist das eigene Leid vorbei und der eigene Nutzen gesichert.
Ziel des Großen Weges und des Diamantweges – Erleuchtung

Wer jedoch anderen wirklich helfen will, darf hier nicht stehenbleiben. Nach der Befreiung lockt die Erleuchtung. Die schon erreichte Gewißheit, daß der Geist nicht geschädigt werden kann, ist die nötige Grundlage für die vollständige

Entwicklung seiner Möglichkeiten. Seine Allwissenheit, seine selbstentstandene Freude und seine tatkräftige Liebe sollen nun voll zum Ausdruck kommen. Sie machen sein wahres Wesen aus und erscheinen von selbst durch das Entfernen des zweiten Schleiers, der steifen Vorstellungen. Obwohl man gründlichst mit dem Geist arbeiten muß, bevor man ständig – auch im täglichen Leben – wahrnimmt, daß strahlender Raum durch die Augen der Wesen schaut und durch ihre Ohren hört, gibt es keinen lohnenderen Weg zum stärksten und steten Glück. Alles Äußere wie Innere taucht dann im klaren Raum auf, spielt in ihm, wird durch ihn erkannt und löst sich in ihm wieder auf.

Ob innere Erfahrung und äußere Welten dasselbe sind wie der Geist oder ob sie von ihm verschieden sind, fragen sich viele Menschen. Die Antwort dazu ist: *sowohl als auch.* Die Bilder entstehen und entfalten sich im Geist, werden durch ihn erlebt und lösen sich in ihm wieder auf. Dennoch verhalten sie sich anders und werden auch anders erfahren. Sie sind wie die Wellen im Meer. *Sind die Wellen das Meer oder sind sie davon verschieden?*
In dem Moment, wo das erkannt wird, engt man die Erfahrung weniger mit Begriffen ein und verweilt einfach in dem, was ist. Man wird weder durch die auftauchenden Gedanken und Gefühle gestört noch schläfrig oder verwirrt, wenn nichts passiert. Wenn man sich dessen bewußt ist, was im Hier und Jetzt geschieht, wird der Spiegel des Geistes gesäubert, und seine Strahlkraft, seine unbegrenzten Fähigkeiten treten hervor.

Die Entschleierung des Geistes führt unvermeidbar zu Mut, Freude und tatkräftiger Liebe. Wenn zutiefst verstanden wird, daß man weder der Körper ist, der vergehen wird, noch die sich ständig ändernden Gefühle, sondern der unzerstörbare, zeitlose Raum selbst, werden Ängste im Nu wurzellos. Was könnte den Raum schädigen, wer ihm Leidvolles antun?

Von dieser Ebene der Furchtlosigkeit aus erlebt man alle

Geschehnisse als Zeichen unendlichen Reichtums des Raumes. Ob geboren oder gestorben wird, alles zeigt seine Vielfalt und Kraft. Schließlich führt die Erfahrung von der Unbegrenztheit des Geistes zu begabter Liebe. Man handelt aus eigener Einsicht zum Besten der Wesen, unbeirrt von Scheinlösungen des Zeitgeistes.

Die Botschaft auf dieser Ebene ist klar: Laß dich nicht von Selbstbeurteilung oder von irgendwelchen »-ismen« einengen. Materialistische Gedanken sind kein Zeichen dafür, daß die Meditation nichts taugt. Man betrachtet sie einfach als »praktisch«. Nihilistische Gedanken bedeuten auch nicht, daß man eine Wiedergeburt Nietzsches ist. Man stellt einfach fest, daß solche Gedanken möglich sind. Existentialistische Erfahrungen bezeugen nichts, und idealistische Zustände dürfen ohne Anhaftung genossen werden. Was immer im Geist auftaucht, bestätigt nur seinen Reichtum, seine Möglichkeiten und seine Kraft. Höchste Wahrheit ist immer höchste Freude! Man soll sich aber davon genüßlich überraschen lassen: Erst jenseits von Hoffnung und Furcht wird erleuchtetes Bewußtsein hervortreten – und dann geschieht es von selbst.

DIE VIELSEITIGKEIT
IM BUDDHISMUS HEUTE

DIE KLASSISCHE AUFTEILUNG VON BUDDHAS LEHRE

Besucht man Klöster und Büchereien, die den tibetischen Kangyur haben, wird man sehr wahrscheinlich Buddhas Belehrungen in vier Gruppen von jeweils 21.000 vorfinden, eingeteilt nach ihrem Inhalt. Die erste Gruppe soll Anhaftung entfernen und heißt »Vinaya«. Sie enthält Verhaltensregeln, vor allem für Mönche und Nonnen. Die nach außen erkennbaren Regeln sollen die Menschen erinnern, sich weniger von der bedingten Welt einfangen zu lassen. Das »Sutra« soll Zorn und Widerwillen abbauen, denen der Laie oft im täglichen Geben und Nehmen des Lebens begegnet. Das »Abhidharma« ist für die Glücklichen, die Überschuß für eine Weltanschauung haben. Es geht an die Wurzel von Verwirrung und unklarem Denken. Diese ersten drei Teile der Lehre sind wie Schulwissen: Das Gelernte bewegt sich nur allmählich vom Kopf zum Herzen, von der Vorstellung zur Erfahrung.

Der vierte Teil dieser Aufgliederung berührt die Ganzheit der Wesen. Man kann ihn gewissermaßen damit vergleichen, ein schnelles Motorrad zu fahren oder sich zutiefst zu verlieben. Er ändert die Menschen grundlegend, erweckt alle innere Kraft und heißt »Vajrayana« oder »Diamantweg«.

45

Ob das Mahamudra richtig dazugehört oder einen eigenen Weg darstellt, fragen sich noch heute die Klugen und Gelehrten. Beide Sichtweisen sind sinnvoll. Wenigstens beeinflußt das Mahamudra hier Grundlage und Weg und ist an sich das Ziel. Will man den Begriff »Tantra« für den Teil des Diamantwegs verwenden, der mit Phantasie, Atmung, Sexualität und Form arbeitet (das Wort »Tantra« kommt von »weben« und bedeutet eine Erfahrung, die untrennbar Teil von uns geworden ist), sollte man unbedingt »buddhistisches Tantra« sagen. Auch die Hindus verwenden nämlich diesen Begriff für ihre Geheimlehren. Obwohl einem Westler auf den ersten Blick viele Bilder und Aussagen ähnlich erscheinen mögen, sind sowohl Weg als auch Ziel gänzlich verschieden. Der Hindu sucht Kraft (Shakti), womit der Buddhist bereits beginnt. Das buddhistische Ziel hingegen ist das Entdecken der letztendlichen Weisheit (Jnana oder Yeshe). Auch der Verlauf der inneren Kanäle im Körper (Wirbelsäule oder Körpermitte) und die Anzahl der Krafträder (sieben oder fünf) sind grundlegend verschieden. Wer diese Tantras vermischt, wird einen Kopf wie eine Wassermelone entwickeln, voll zerstreuter Vorstellungen, und ein Herz wie eine Haselnuß bekommen, klein und hart.

Der Diamantweg macht einen wirklich groß. Er hebt die Schüler von der Ebene des »armen Mannes«, des bedingten »Entweder-oder«, auf jene des Reichen, des alles umfassenden »Sowohl-als-auch«, bei der der unendliche Raum ständige Bezugsquelle ist. Hier fängt man geschickt den Maulwurf des allgemeinen Geistes, drückt ihm Kontaktlinsen auf die Augen, bindet Flügel an seine Pfoten, leimt Federn an seinen Schwanz und schickt ihn als Adler in die Luft. Indem man jenseits aller Einengung geht, zeigt sich alles frisch und neu.

Den Weg »allein« gehen

Wer ohne viel Verbindung zu anderen Buddhisten, nur mit Hilfe von Büchern und möglichen Einsichten aus früheren Drogenerlebnissen weiterkommen will, braucht viel Reife und muß die eigene Entwicklung sehr gut einschätzen können. Man lernt schließlich auch einfachere Dinge im Leben von anderen! Wichtig ist auf diesem Weg, Ziel und Weg nie aus den Augen zu verlieren.

Das buddhistische Ziel ist einzig und allein, den Geist als klares Licht zu erfahren, jenseits von Kommen und Gehen, während der Weg die drei üblichen Ebenen umfaßt: Im Verhalten vermeidet man Worte und Taten, die leidbringend sind; in der Einstellung läßt man gleichzeitig Mitgefühl und befreiende Weisheit wachsen, und auf geheimer Ebene benimmt man sich wie Buddha, bis man einer geworden ist. Ganz ohne Lehrer ist diese letzte Ebene jedoch nicht richtig zu verstehen und unmöglich zu halten. Fehlt der Austausch in den Zentren, in denen in hohem Maße Selbstüberschätzung, »geistige« Gefühlsduselei und Oberflächlichkeit bemerkt und ausgeglichen werden, wird man leicht nutzlos im Alltag, und man macht sich einsam, anstatt anderen zu helfen.

Es ist nicht übertrieben, vor den Gefahren des »Allein-gehen-Wollens« zu warnen. Erstens ist man vielen mangelhaft übersetzten Büchern ausgeliefert und kann dadurch unterschiedliche Wege schlecht auseinanderhalten. Zweitens verwenden sogar echte buddhistische Quellen verschiedene Bezeichnungen für Ähnliches und gleiche für Verschiedenes, was zu tiefer Verwirrung führen kann. Ist man schließlich sicher auf der großen Autobahn zur Erleuchtung angekommen, lauern noch zwei Irrwege, die man nicht leicht als solche erkennt.

Einerseits gibt es die verlockenden Abfahrten: die ganzen »weichen« Wissenschaften. Natürlich ist es sinnvoll, gewonnene Fähigkeiten wie Heilertum, Hellsichtigkeit, Astrologie und so weiter im Leben einzusetzen. Vergißt man aber darüber das letztendliche Ziel – die Erleuchtung zum Besten aller –, verschwendet man seine kostbare Möglichkeit.

Auch die so warm begrüßten »Erfahrungen« auf dem Weg können einen sehr aufhalten. Sie sind unberechenbar und unstet, was entmutigend ist. Versucht man diese Meilensteine der Entwicklung mitzuschleppen, bekommt man Arme wie ein Gorilla, und man erreicht das Ziel – diesen mühelosen Zustand, in dem alle erleuchteten Eigenschaften des Geistes sich frei entfalten – nicht. Es ist klüger, dem Raum zu vertrauen, als die spannenden Erfahrungen festzuhalten. Aus seiner Liebe und seinem Reichtum wird alles Nötige zur rechten Zeit auftauchen. Wer mit dieser Einstellung einfach weitermacht, wird sich nur wundern, wie grenzenlos alles ist.

LEBENDIGE VERBREITUNG DER LEHRE IN DER WESTLICHEN GESELLSCHAFT

Für die Tibeter gab es früher drei mögliche Formen, den buddhistischen Weg zu gehen. Sie konnten Mönch beziehungsweise Nonne, Laie oder Yogi werden. Die Mönche und Nonnen lebten getrennt in Klöstern und befolgten strikte Verhaltensregeln. Die Laien hatten Familien, gingen normaler Arbeit nach und versuchten, die Lehre in ihren Alltag einzubetten. Die Yogis lebten außerhalb der gesellschaftlichen Normen, häufig in verschiedenen Höhlen mit mehreren Partnern und nutzten das ganze Leben für ihre geistige Entwicklung (ein Beispiel ist der bekannte Yogi Milarepa).

Da man heute in den entwickelten Ländern seinen Nachwuchs selbst bestimmen kann, wird es bei uns keine großen Klöster geben. Frauen und Männer lebten früher nicht getrennt, weil Buddhas Lehre etwa körperfeindlich wäre, sondern, weil man sich nicht lieben konnte, ohne Kinder zu bekommen, und diese die Zeit für Studium und Meditation eingeschränkt hätten.

Im Westen nähern sich die damals recht getrennten Gruppen der Yogis und der Laien aneinander an. In Tibet, wo die Yogis im Wettbewerb mit den rot gekleideten Mönchen und Nonnen um die Unterstützung der Werktätigen warben, mußten sie sich nach außen leicht erkennbar zeigen, oft als wahre »Struwwelpeter« und in weißen Gewändern. Auch das ist heute nicht mehr nötig. Die Laien, mit dem Wohlfahrtsstaat im Rücken, brauchen nicht mehr Unmengen von Kindern zu zeugen, um im Alter versorgt zu werden, und wilde Haarpracht oder Kleidung beeindrucken niemanden mehr. Zum Beispiel ist die heutige Sicht meiner Schüler im allgemeinen das Mahamudra – also die der Yogis –, während sie im Alltag das machen, was für ein »gutes Laienleben« nötig ist. Im Urlaub wird dann der freie Stil des Yogis voll umgesetzt, und man zieht mit Zelten von Meditationskurs zu Meditationskurs.

Vor 2550 Jahren wurden viele Menschen in Indien von Buddhas Auskünften über Ursache und Wirkung angezogen. Wenige wünschten die Belehrungen über Weisheit und Mitgefühl, und nur eine Handvoll hatte Vertrauen in die reine Sicht des Diamantwegs.

In unseren westlichen Ländern mit so viel Begabung und gutem Karma wollen viele die Raum-Freude des Geistes erfahren, während man Ursache und Wirkung gern der Polizei überläßt. Auch Philosophie und Psychologie ziehen nur noch mäßig, da die meisten in der Schule genug davon gehört haben. Selbstsichere Menschen wollen etwas erleben.

Das Gebäude der Lehre aus westlicher Sicht

Wer lehrt, wie es Buddha tat, der damaligen Lage und den Fähigkeiten der Wesen entsprechend, führt den Strom seiner Lehre lückenlos weiter. Ob das in einem Zentrum geschieht, wo man verantwortungsvolle Arbeiten übernommen hat, als buddhistischer Lehrer oder als Beispiel für Familie und Freunde, macht dabei wenig Unterschied. Auch wenn man die Probleme der Leute immer gesondert betrachtet und löst, steigt mit dem Überblick über den ganzen Weg und die Breite seiner Mittel die eigene Zuversicht. So kann man erreichte Entwicklungsstufen bei den Leuten untermauern und die freudvolle Sicht von der nächsten Ebene liefern, die anliegt. Um so ein durchgreifendes Ziel zu erreichen, sind die bereits erwähnten Einteilungen der Belehrungen nicht besonders geeignet. Hierfür ist eine praktische Gliederung viel nützlicher. Vorab noch etwas Zeitgemäßes zum Umfeld.

In dem heute so verwirrenden Angebot an Lehrern, erkennt man tatsächlich in Wort wie Schrift den guten Lama daran, daß er nicht ständig süßlich um heikle Punkte herumredet, um den vorgefaßten Vorstellungen seiner Schüler zu entsprechen, bis sie verwirrt und ohne richtige Führung darstehen. Stattdessen soll er Mittel der inneren Veränderung und dauerhafte Ziele auf bedingter wie letztendlicher Ebene aufzeigt. Sogar die Lamas der drei »alten« tibetischen Linien, fähig, ihre begabten Schüler mit Mahamudra- und Dzogchen-Belehrungen zu begeistern – Buddhas höchster Sicht – sollten unmittelbar auf den praktischen Weg zu dieser Erfahrung hinweisen: auf die nach außen hin weniger glorreichen Vorbereitenden Übungen[7] – die scheinbar endlosen Wiederholungen des Ngöndros. Diese bringen unterbewußten Reichtum und tiefe Reinigung, die einzige Grundlage eines dauerhaften Glücks.

Eine höhere Belehrung kann also nur verwendet werden, wenn die entsprechende Entwicklungsebene in diesem oder einem früheren Leben verwirklicht wurde. Zu Beginn sucht man den eigenen Nutzen und versteht dabei, daß dieser sich durch sinnvolle Worte und Taten aufbaut. Das ist die äußere Ebene. Die Entspannung, die durch die besseren Rückkoppelungserfahrungen zur Außenwelt wie auch zum eigenen Speicherbewußtsein entsteht, läßt den inneren Reichtum des Geistes hervorkommen. Dieser zeigt sich als Mitgefühl und als Weisheit der Eingebung und ist Gegenstand der inneren Ebene. Wer genug von beidem aufgebaut hat, wird Hingabe und yogische Freiheit entwickeln, die geheime dritte Ebene, die zur Verschmelzung mit der Erleuchtung führt. Jede dieser Ebenen entspricht einem Menschentyp: dem *Selbstbezogenen*, dem *Altruisten* und dem *Yogi*, deren Wege immer von den gleichen drei Mitteln unterstützt werden. Diese werden deshalb als die drei durchlaufenden Pfeiler des *Wissens*, der *Meditation* und des *Absicherns* bezeichnet (siehe Abbildung auf Seite 52).

---

[7] Vorbereitende Übungen (Tib.: Ngöndro): Die vier allgemeinen und die vier besonderen Vorbereitungen. Die besonderen Vorbereitungen sind vier zu wiederholende, verdienstvolle Übungen, die unzählige gute Eindrücke im Unterbewußtsein schaffen. Durch sie werden Verdienst und Weisheit angesammelt.

Welche Ebene bei jedem einzelnen auch ansteht, am Anfang muß man wissen, worum es geht. Hier ist die Lebensnähe der Vermittlung unentbehrlich und auch die Möglichkeit, jenseits aller Dogmen das Gehörte zu prüfen. Ob man einen ungestörten Alltag wünscht, eine reiche innere Erfahrungswelt oder ein Leben als Buddha unter Buddhas: *Wissen und Hinterfragen* sind unerläßlich. Die Bedeutung von Buddhas allerletzten Worten zeigt das. Nach der schon bekannten Aussage, daß er froh sterben könne, weil er schon alles gegeben habe, fügte Buddha noch etwas hinzu, was ihn zum Lehrer unserer Zeit macht: »Jetzt glaubt mir nichts, nur weil ein Buddha es sagt, sondern untersucht alles selbst. Schaut nach, ob es mit euren Erfahrungen übereinstimmt, und seid euch selbst ein Licht.« Das ist ein Grund, warum man nicht dogmatisch an einzelnen Erkenntnissen Buddhas festhalten muß. Falls die Wissenschaft gewisse Aussagen widerlegen kann, was bis heute nicht der Fall war, sollte man ruhig dieser bewiesenen Einsicht folgen.

Der mittlere Pfeiler steht für *Meditation*. Die praktischen Belehrungen sollten am besten von einem Lehrer gegeben werden, der die Entwicklung des Schülers weiterverfolgt. Verständnis muß zu Reife werden, Gedanken sollen sich mit Erlebtem verbinden. Nachdem man Hindernisse entfernt und richtige Anschauungen (zum Beispiel die der Leerheit und der gegenseitigen Bedingtheit aller Erscheinungen) erlangt hat, entstehen aus dem mühelos verweilenden Geist nacktes Bewußtsein und deutliches Wachstum.

Der dritte Pfeiler dient dazu, das bereits Erreichte zu untermauern. Nichts ist weniger überzeugend als schwankende Gemütszustände – weder für einen selbst noch für andere. Deshalb ist ein Pfeiler des *Absicherns* unerläßlich und es muß Mittel des Festhaltens geben. Auf den drei Ebenen hilft er den Übenden, schädliche Handlungen, Zorn und den Verlust der höchsten Sicht zu vermeiden.

Buddhas Lehre ist also wie ein Gebäude aus drei Ebenen und drei Pfeilern (siehe Abbildung nächste Seite). Sie soll Selbstbezogene, Altruisten und Yogis mit Wissen, Mitteln und Stehvermögen versorgen. Bei dem folgenden Überblick über das kostbare Werkzeug werden zum besseren Verständnis für die Pfeiler die Zahlen 1, 2, 3 und für die Ebenen die Buchstaben A, B, C verwendet. Die höchste Ebene der Belehrungen, das Mahamudra, bildet das Dach.

(A) Die Ebene des eigenen Nutzens

(1) Wissen

Die Leute, die vor allem ihre eigene Entwicklung im Auge haben, brauchen Wissen über Ursache und Wirkung. Auf dieser Ebene lernt man, was Glück und was Leid bringt, wie man aus Körper, Rede und Geist Vorteile zieht, anstatt Schaden zu nehmen. Ein Punkt, der Religionen so langweilig macht, ist die Betonung von dem, was zu vermeiden ist. Jeder muß im Leben genügend Verbote umgehen! Buddha ist hier erbaulicher: Erstens gibt er nur Ratschläge und zweitens eher glückbringende. Er empfiehlt allgemein, Körper, Rede und Geist als Werkzeuge zu sehen:

Mit dem Körper kann man andere schützen, ihnen Liebe geben und die Dinge, die ihnen fehlen. Die Belehrungen zur körperlichen Liebe betreffen Mönche und Nonnen natürlich nicht.

Der Zweck der Sprache ist, die Wesen zu entwickeln. Sie soll ihnen innere Ruhe bringen, die Welt zeigen, wie sie ist, ihnen helfen, andere zu verstehen, und vor allem dafür sorgen, daß sie die Möglichkeiten des Lebens bewußter nutzen.

Bezüglich des Geistes rät Buddha zu der Einstellung, allen das Beste zu wünschen. Man soll sich über ihre guten Taten

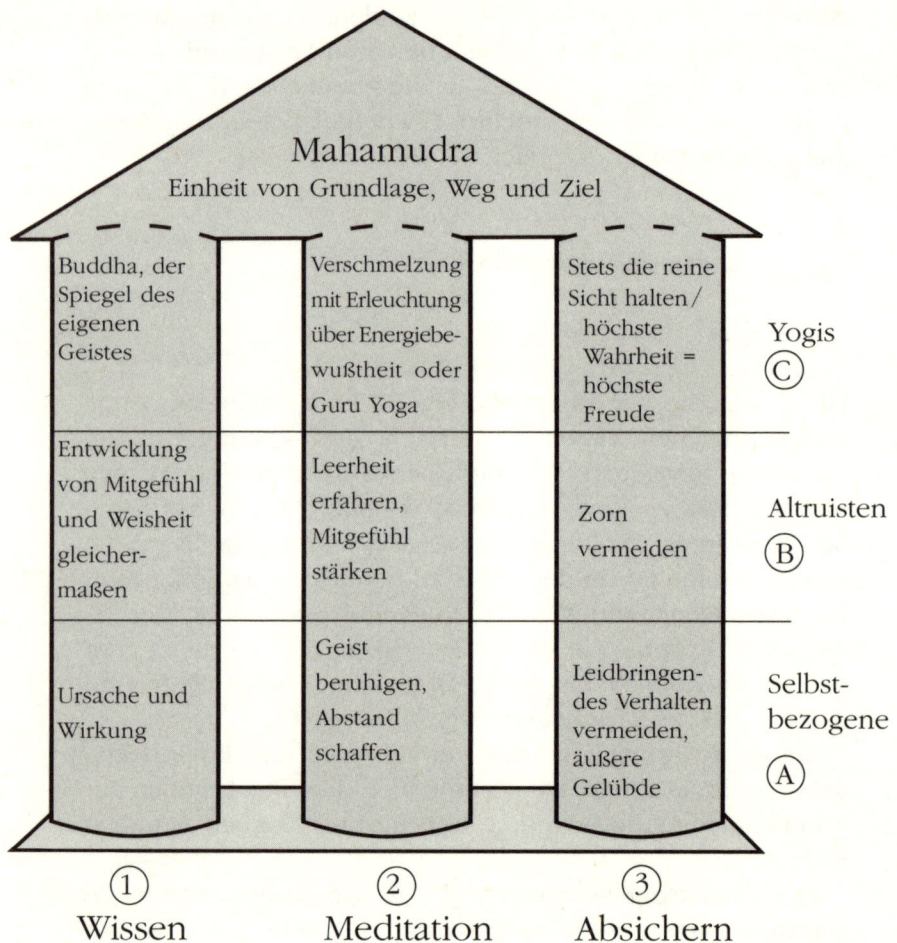

Mahamudra
Einheit von Grundlage, Weg und Ziel

Wissen	Meditation	Absichern	
Buddha, der Spiegel des eigenen Geistes	Verschmelzung mit Erleuchtung über Energiebe-wußtheit oder Guru Yoga	Stets die reine Sicht halten / höchste Wahrheit = höchste Freude	Yogis Ⓒ
Entwicklung von Mitgefühl und Weisheit gleicher-maßen	Leerheit erfahren, Mitgefühl stärken	Zorn vermeiden	Altruisten Ⓑ
Ursache und Wirkung	Geist beruhigen, Abstand schaffen	Leidbringen-des Verhalten vermeiden, äußere Gelübde	Selbst-bezogene Ⓐ

①
Wissen

②
Meditation

③
Absichern

freuen und dabei einen klaren Kopf behalten. Wieder ist es besonders wichtig, sich des Ausmaßes von Ursache und Wirkung bewußt zu sein. Da Gedanken von heute morgen schon Worte sind und später zu Handlungen werden, ist der Geisteszustand am bedeutendsten.

② Meditation

Die Meditation läßt das Wissen zur Erfahrung werden. Ihr Ziel ist auf der ersten Ebene, den Geist zu beruhigen, ihn an einer Stelle zu halten. Man wünscht, Raum zwischen dem Erleber und den Erlebnissen herzustellen, so daß man die Wahl hat, an den Lustspielen teilzunehmen und den Trauerspielen fernzubleiben. Dieser schützende Abstand wird meistens durch die Aufmerksamkeit auf den Atem erreicht. Die Meditation der Geistesruhe heißt »Shamata« auf Sanskrit und »Shine« auf tibetisch. Wer im »Labor« der Meditation diesen Zustand halten kann, wird es allmählich auch im täglichen Leben können. Es ist ein erstes Erwachsenwerden und hat tiefe Bedeutung.

③ Absichern

Die Mittel, die vor dem Abkommen vom Weg schützen, sind die sogenannten äußeren Gelübde. Sie haben mit den Handlungen zu tun, die man besser vermeidet. In ihrem vollen Umfang sind es die zweihundertfünfzig Gelübde für Mönche und die dreihundertfünfzig für Nonnen (die zusätzlichen Hundert sollen vor allem der Rede gewidmet sein). Buddha gab diese Gelübde nie zusammen als geschlossenes Gefüge. Sie entstanden aus den später zusammengetragenen Ratschlägen, die er unterschiedlichen Gruppen und Leuten zu verschiedenen Zeiten für ein besseres Zusammenleben erteilt hatte. Im allgemeinen Leben sind einige Laiengelübde nützlich. Man sollte aber nur die nehmen, die man auch halten will. Es sind dies der Reihe nach: nicht zu töten, nicht zu stehlen, nicht bewußt oder in böser Absicht geistige Erfahrungen falsch darzustellen, keine »verdummenden Stoffe« – also Drogen oder zuviel Alkohol – zu verwenden und anderen kein sexuelles Leid zu bringen. Die Auslegung des letzten Punktes ist von Kultur zu Kultur verschieden, beinhaltet aber immer Inzest. Einige Yogis legen diese äußeren Gelübde ab, andere nicht.

Die buddhistischen Versprechen sind nicht mit christlichen oder hinduistischen Geboten zu vergleichen. Es sind auch keine muslimischen Fattwas (religiöse Todesurteile). Die buddhistischen Gelübde können niemals zu einer Lage führen wie zu der von Salman Rushdie oder neuerdings Taslima Nasreen und vieler anderer Verfolgter. Man muß diese Versprechen selbst wünschen. Erst wenn man als erwachsener Mensch feststellt, daß gewisse Taten, Worte und Gedanken einen selbst und andere schädigen, legt man die buddhistischen Gelübde ab, und nicht etwa, weil Buddha moralisch oder prüde gewesen wäre. Er wünscht einfach allen jedes Glück. Seine Sicht ist überpersönlich und grundverschieden von jener der Götter des Islams oder des Christentums. Auch zum Körper hat Buddha ein anderes Verhältnis: Für ihn ist er ein Lichttempel. Der Körper enthält fünf Kraftspeicher und 72.000 erleuchtete Energiebahnen. Einzelne Körperteile sowie deren Arbeitsvorgänge werden als rein und freudebringend angesehen.

Diese Ebene der Gelübde ist sinnvoll, weil das Gesetz von Ursache und Wirkung immer in Kraft ist: Was man auch denkt, sagt oder tut, es wird entweder künftiges Glück oder Leid bringen. Durch das Ablegen der Gelübde wird einem das verstärkt bewußt und man ist geschützt.

(B) Die Ebene der Altruisten

(1) Wissen

Die Erfahrungen der ersten Ebene führen zu angenehmeren Rückkoppelungserfahrungen mit der Umwelt und dem eigenen Speicherbewußtsein. Dadurch können im Geist zusätzliche Eigenschaften hervortreten. Wenn weniger Kraft für innere und äußere Verstrickungen gebraucht wird, drückt sich der entstandene Überschuß als Weisheit und Mitgefühl aus. Die drei Stufen des Mitgefühls wurden schon erwähnt, und ihre Vervollkommnung ist, zwischen sich selbst und anderen nicht mehr zu trennen.

Erleuchtete Weisheit, die Ergänzung zu dieser Entwicklungsebene des Mitgefühls, wächst ebenfalls selbsttätig, und zwar im Gleichschritt mit dem Verschwinden der Schleier der Störgefühle und der steifen Ideen. Wer die Welt so traumähnlich erfährt, wie sie in Wirklichkeit ist, und zugleich ihre Bedingtheit versteht, kann unzähligen Wesen helfen. Buddhas Belehrungen über Bodhisattvatum und Leerheit gehören zu diesem Teil.

(2) Meditation

Bei der Meditation auf der zweiten Ebene ist das Verweilen in Leerheit und Mitgefühl das Ziel. Hier wird die Einstellung ein tragender Teil der Vertiefung. Die Meditation wird mit dem Wunsch eingeleitet, zum Besten aller die Erleuchtung zu erlangen, und damit beendet, den entstandenen inneren Reichtum mit allen Wesen zu teilen. Anfänglich kann man natürlich nur sehr wenig bewirken, doch wenn die Kraft wächst, wird die bereits entwickelte Einstellung dafür sorgen, daß man mit Sicherheit alles für die Wesen tut.

③ Absichern

Damit die erreichte innere Ebene geschützt ist und das Innenleben weiter wachsen kann, muß man besonders auf die eigenen Störgefühle achten. Zorn ist dabei das größte geistige Hindernis. Am besten gräbt man ihm das Wasser ab und verhindert damit jegliches Wachstum.

Bis vor ein paar Jahren war dieser Rat Buddhas weit von der gängigen Einstellung der Psychologie entfernt, und gewisse Gruppen sträuben sich noch heute dagegen. Vergleicht man aber langjährige Psychologen oder Feministinnen mit Buddhisten, wird deutlich, daß der buddhistische Umgang mit Zorn das dauerhaftere Glück bringt. Obwohl kluges Durchgreifen oft angezeigt ist – Zorn und Feindbilder sind wirklich niemals nützlich. Während der letzten drei Jahrzehnte waren laut Psychologie nacheinander die Russen, der Imperialismus, die Gesellschaft und die herrschsüchtigen Mütter an allem schuld. Zur Zeit sind es die sich an Kindern vergreifenden Onkel. Diese Einstellung macht jedoch unfähig und schwach. Ob man es mag oder nicht: das Gesetz von Ursache und Wirkung gilt auch bei jedem selbst. Was andere einem jetzt antun, hat man ihnen in irgendeinem Leben zugefügt.

Der erwachsene Mensch sieht Angenehmes als Segen und Schwieriges als Lernprozess und Reinigung. Er nutzt die eigene Energie und hilft anderen durch seine Erfahrung. Zorn stoppt dieses Wachstum. Er macht einsam und zerstört die gespeicherten guten Eindrücke, die Ursachen zum Glück. Kraftvolle, vorausschauende Taten ohne Störgefühle braucht die Welt.

Ⓒ Die Ebene der Yogis

Zunächst einmal Grundsätzliches zur Erleuchtung: Vor dem Eintritt in den Diamantweg, den spannendsten Teil der buddhistischen Lehre, ist es hilfreich, den Geist kurz aus einem anderen Blickwinkel zu betrachten – als Bewußtsein und Kraft. Erleuchtung ist unser zeitloses Wesen und erscheint durch einen sehr einfachen Vorgang. So wie Computer ihre ganze Arbeit mit den Zahlen 0 und 1 schaffen, so wiederholen sich zwei Schritte des Wachstums bis zur Erleuchtung: das Vermehren guter Eindrücke im Geist und das Entwickeln von Weisheit. Durch sinnvolles Denken, Sagen und Tun findet der Geist Ruhe. Das setzt Fähigkeiten frei, die in steifen inneren Zuständen verknotet waren, und bringt so Entwicklung hervor. Wie die Sonne steigt und die Wolken verschwinden, wachsen Klarheit und Raum. Man begreift, daß alle Wesen Glück wünschen und Leid vermeiden wollen. Wenn einem dann deutlich wird, wie wenig Abstand die meisten Menschen zu ihren Gefühlen haben und wie beherrscht sie von ihnen sind, muß man sie schützen. Man macht dann eher das, was sie für ihre Entfaltung brauchen, als das, was ihnen gerade gefällt.

So führen die sich vermehrenden guten Eindrücke zu Weisheit. Das wiederum schaltet sinnloses Verhalten aus, und schließlich paßt alles: Wo der Geist auch hinschaut, jede Erfahrung ist rein, es gibt nur Glück innen und Erfüllung außen. Aus dieser Lage wagt er sich gern jenseits seiner Gewohnheiten und erlebt so seine Strahlkraft, sein zeitloses klares Licht.

Obwohl dieser Zustand für sich steht, mischt das Ego gewöhnlich sofort mit und bringt Gedanken wie »mein klares Licht war aber länger als seines« hervor. Schon glaubt man, wieder heruntergefallen zu sein, aber eigentlich bedeutet es nichts. Beachtet man die auftauchenden Gedanken nicht, werden solche Gewohnheiten nach einiger Zeit ihren Halt verlieren. Jenseits aller Vorstellungen wird man immer länger im klaren Licht des Geistes verweilen, bis es kein Herausfallen mehr gibt.

① Wissen

Wenn man die Dinge als gegenseitig bedingt, im ständigen Wandel und als nicht wirklich vorhanden sieht, so wie sie ihrem Wesen nach sind, während man zugleich Mengen guter Eindrücke aufbaut, führt dies zur Ebene des Yogis. Sie bringt unweigerlich die Erleuchtung. Wissen ist auf dieser Stufe jenseits von Begriffen. Hier wird Buddha nicht als äußerer Gott oder getrennte Kraft erlebt, sondern als ein Spiegel. Er drückt einen Zustand aus, der einen völlig anzieht und dem man ganz vertrauen kann. Wenn Störgefühle, Schleier der Verwirrung und klotzige Gewohnheiten wegfallen, zeigt sich diese Erfahrung als etwas zutiefst Bekanntes. Ist man auf der dritten Ebene angekommen und geschützt durch ungebrochene Bande[8] zum Lehrer, ist ein schnelles Weiterkommen gesichert. Mit der unerschütterlichen Einsicht, daß sich Erleber, Erlebtes und Erleben gegenseitig ergänzen und im Grunde eins sind, ist das Ziel nur eine Frage der Zeit.

② Meditation

Besaßen Buddhas Schüler dieses Verständnis, lehrte er sie zwei Arten der Meditation. Beide bauen auf die unmittelbare Verschmelzung mit der Erleuchtung auf, indem man alles als natürlich rein sieht.

Buddhas »Weg der Mittel« ist für Leute mit einem praktischen Verhältnis zum Leben. Er gab diese Übertragungen

---

[8] Bande (Tib.: Damtsig, Skt.: Samaya): Die Grundlage für schnelles geistiges Wachstum im Diamantweg-Buddhismus. Durch die ungebrochene Verbindung zum Lehrer entwickelt der Praktizierende schnell seine ihm innewohnenden Fähigkeiten.

entweder durch das Ausstrahlen der einzelnen Buddhaformen oder indem er seinen eigenen Körper in die höchsten vereinigten Lichtgestalten verwandelte. Hologrammen ähnlich, drücken diese Felder von Kraft und Licht die erleuchteten Eigenschaften der verschiedenen Wesen aus.

Jene Buddhaformen, die ohne Partner oder Partnerin erscheinen, gehören zu den drei »unteren« Ebenen des buddhistischen Tantra, der Kriya-, Tscharya- und Yoga-Ebene. Der volle Reichtum des Geistes auf der höchsten Ebene des Anuttara-Yoga-Tantra zeigt sich immer als männliche und weibliche Buddhaformen in Vereinigung. Nur sie beinhalten alles, und nur die Meditationen auf sie ermöglichen während eines Lebens die vollständige Verwirklichung.

Obwohl man in Erwartung des Lungs[9] oder der Einweihung[10] auf die »nahen« Formen der Linie, die der Lama verkörpert, meditieren kann, ist eine Übertragung, auch Einweihung genannt, von einem lebenserfahrenen Lehrer, der seine Bande zur Übertragungslinie hält, von großem Nutzen. Hierbei werden Samen im Unterbewußtsein erweckt, die einem später die volle Entwicklung bringen. Die meisten spüren bei einer Einweihung eine wohltuende Vertiefung. Kennt man außerdem die tiefe Bedeutung des Vorgangs, wird man das wahre Ausmaß begreifen können. Hier ein üblicher, mehrstufiger Aufbau einer Einweihung, wie sie seit über 2500 Jahren ununterbrochen übertragen wird:

Die »Vasen-Einweihung«, bei der der Lama die Köpfe der Leute mit einer Vase berührt und ihnen daraus Nektar zu trinken gibt, schenkt einem die Kraft, sich selbst als das Lichtfeld desjenigen Buddhas erleben zu können. Die »Geheime

---

[9] Lung: rituelles Lesen der Diamantweg-Texte. Das bloße Hören der Silben überträgt ihre innere Bedeutung; siehe auch Einweihung/Ermächtigung.

[10] Einweihung (Tib.: Wang, Skt.: Abhisheka): Eine Zeremonie, durch die der Praktizierende in das Kraftfeld eines gewissen Buddhaaspekts eingeführt wird und durch die er die Ermächtigung erhält, auf diesen zu meditieren.

Einweihung«, bei der man die Schwingung – Mantra – dieser Lichtform wiederholt, gibt einem den Zugang zu den inneren Energien. Die »Weisheit-Einsicht-Einweihung« vermittelt die Kraft der yogischen Vereinigung, bringt Mitgefühl und Weisheit, Raum und Freude zusammen. Schließlich festigt die höchste, die »Wort-Einweihung« den endgültigen Zustand, das Mahamudra. Hier verschmilzt die Raum-Klarheit des Lamas mit der eigenen, und man nimmt am grenzenlosen Wesen des Geistes teil. So entsteht, wie auch in einer geleiteten Meditation oder beim Segnen die Verbindung zur zeitlosen, unbegrenzten Einsicht, die man stärken und erhalten soll. Auf dieser Ebene lebt man wie in einem reinen Land, hört jedes Geräusch als Mantra und erfährt jede Form als sinnvoll. Die höchste Sicht umfaßt auch die Ebenen des Selbstbezogenen und des Altruisten, macht sie sogar selbstverständlich: wenn jeder Gedanke und jedes Gefühl als Weisheit und Freude erscheinen – wer kann da ohne Mitgefühl und Weisheit sein? Wer würde da noch andere Wesen schädigen wollen?

Einweihung, Lung, Segen und Mahamudra, von einem fähigen Yogi vermittelt, der erkennbar dasselbe sagt und auch tut, kurbeln nicht nur die innere Entfaltung an. Im Raum verdichten sich erleuchtete Kraftfelder, und das Leben selbst wird zum Weg. Vor allem die Schützer[11] machen sich oft bemerkbar; noch bevor man an sie denkt, ist man schon spürbar von ihrem Kraftkreis umgeben. Der bloße Gedanke an ein Mantra verdichtet das Schwingungsfeld des jeweiligen Buddhas aus dem Raum heraus, und die wiederholten Verschmelzungen mit ihnen übertragen allmählich ihre ausgezeichneten Eigenschaften. Ständig nähert sich der Meditierende an die erleuchteten Buddhaformen an, bis er wie sie geworden ist. So sieht der »Weg der Mittel« aus.

---

[11] Schützer: Die wichtigsten Schützer sind direkte Ausstrahlungen der Buddhas: männliche Mahakalas und weibliche Mahakalis. Bei der buddhistischen Zuflucht versichern sie, daß jede Erfahrung zu einem Teil des Erleuchtungsweges des Praktizierenden wird – bis hin zur Erleuchtung.

»Der Weg der Einsicht« ist beim heutigen Lebensstil überschaubarer. Er ist aber keineswegs so einfach, wie viele glauben, und bedarf bestimmt der Hilfe eines erfahrenen Lehrers. Auch dieser Weg ist am besten nach den Vorbereitenden Übungen (Ngöndro) zu betreten, da der riesige Aufbau von guten Eindrücken im Ngöndro der gefährlichen »Weiße-Wand-Wirkung« vorbeugt, die dem Geist seine Kraft raubt. Verwirrte »Alleinmeditierer« und zu hörige Gruppen sind hier warnende Beispiele. Sie sitzen einfach viel zu lange, ohne Belehrungen über den Geist zu hören. Auf diese Weise kann man die Schleier nicht entfernen, der Geist schläft ein und seine natürliche Frische geht verloren. Nur über das bewußte Schärfen und Beruhigen des Geistes wird allmählich Einsicht erlangt. Die entsprechenden Meditationen der Geistesruhe heißen Shine / Lhaktong auf tibetisch und Shamatha / Vipassana auf Sanskrit. Die einfachste Form ist hierbei die Beobachtung des Atems an der Nasenspitze, ohne dabei die Gedanken zu beurteilen, die kommen und gehen. Auf der höchsten Stufe verweilt man einfach im Reinen Land und ist der gewünschte Buddha. Die Meditation auf den Lehrer, »Guru-Yoga« auf Sanskrit und »Lami Naljor« auf Tibetisch ist das Herzstück der Karma-Kagyü-Übertragung und ist in sich ein Weg. Seit den indischen Yogis bis heute sieht man Schüler ihre vollen Fähigkeiten im Kraftstrom ihrer Lehrer verwirklichen.

Hier ein Beispiel aus der Zeit, in der Buddhas Lehre das zweite Mal nach Tibet gebracht wurde: Als Marpa vor 950 Jahren in Nordindien vor seinem Lehrer Naropa saß, erschien dessen besonderer Meditationsbuddha »Kye Dorje« (Hevrajra) neben ihm; so groß wie ein Haus, blau und mit vielen Armen. Er hielt seine Gefährtin Dagmema in stehender Vereinigung und sie strahlten wie tausend Sonnen. Marpa war zutiefst beeindruckt und Naropa, der sicher wie jeder alte Inder aussah, fragte ihn: »Jetzt siehst Du ihn und mich. Wen willst Du zuerst begrüßen?« Marpas Denkweise ist leicht nachvollziehbar und so verbeugte er sich vor dem Yidam. Naropa aber lachte: »Irrtum«, sagte er, »bei uns ist alles der Lehrer«. Er löste das riesige Kraftfeld in Regenbogenlicht auf und zog es in sein Herz.

Heute bewirkt das Mittel des Guru Yoga schnelles menschliches Wachstum in den Kagyü-Gruppen des Westens. Da bei der Zuflucht die Verbindung zwischen der inneren und äußeren Erleuchtungsnatur schon entstanden ist, kann man sicher sein, daß alles Angenehme ein Segen und alles Schwierige eine Befreiung des Geistes von Ursachen späterer Leiden ist. Noch dazu lernt man, anderen zu helfen.

Da man dabei die meisten »Erleuchtungsknöpfe« drückt, kann der Geist auf diese Weise am schnellsten seine ursprüngliche Weisheit entfalten. Ihm wird schließlich bewußt, wie sich alles gegenseitig bedingt, daß Erleber, Erlebtes und Erlebnis untrennbar sind.

Genau wie bei der Verschmelzung mit den Buddhaformen, ist die natürliche Weiterentwicklung an dieser Stelle das Mahamudra. Welchen Weg man auch gegangen ist, das Mahamudra ist einmalig. Es beinhaltet Grundlage – die Buddhanatur aller Wesen –, Weg – das mühelose Verweilen – und Ziel – die volle Erleuchtung –, und jede Vorstellung verblaßt, wenn diese Einsicht unmittelbar übertragen wird. Das Mahamudra befähigt diejenigen, die mit Vertrauen und Hingabe praktizieren, den schnellsten Weg zur Erleuchtung zu gehen. Die grenzenlose Erfahrung dieser höchsten Ebene läßt einen in jeder Lebenslage vollkommen ungekünstelt werden. Sie zeigt durch die Selbstbefreiung aller zweiheitlichen Vorgänge, daß nur die Raum-Klarheit-Unbegrenztheit des Geistes wirklich ist. Die daraus folgende Erkenntnis, daß es viel wichtiger ist, sich von den auftauchenden Gedanken nicht ablenken zu lassen, anstatt sie zu beurteilen, setzt eine unmittelbare Kraft in jedem frei. Das Meer ist einfach viel bedeutungsvoller als seine Wellen.

Sind diese höchsten Belehrungen an jene gerichtet, die eher von Begierden bestimmt sind, bauen sie auf den mühelosen

Reichtum der Erscheinungen auf. Sie heißen dann Mahamudra oder Tschag-Tschen und werden von der Kagyü-Linie verwendet. Wenn Zorn oder Stolz bei den Leuten vorherrschend sind, wird die selbstbefreiende Eigenschaft des Geistes herausgestellt. Dieser Bereich wird bei den Nyingmapas, der »alten« Schule Tibets gelehrt und wird Maha-Ati oder Dzog-Tschen genannt. Beide Wege sind auf buddhistischer Tantraebene gleich und enthalten alle Mittel, die zur Erleuchtung von Körper, Rede und Geist führen. Eine ähnliche Belehrungsebene aus Buddhas Sutras, die auf Sanskrit Madhyamaka und auf tibetisch Uma Tjenpo heißt, ist die Hauptübung der Gelugpa-Schule, der »Staatskirche« Tibets. Sie baut vor allem Unwissenheit und Verwirrung ab. Da sie alles über den Verstand regelt, ist es ein viel langsamerer Weg.

③ Absichern

Ein letztes Versprechen hält diese Ebene und das schon erwähnte Gerüst vollkommen fest: Man entschließt sich, niemals die reinen Bereiche zu verlassen. In Buddhas Lehre ist dies nicht »positives Denken«, das krampfhafte Festhalten an etwas Schönem und das Nicht-sehen-Wollen der Leiden. Es geht hier um den Spiegel und nicht um seine wechselnden Bilder. Auf dieser Ebene weiß man bis ins Mark seiner Knochen, daß höchste Wahrheit gleich höchste Freude ist. Man erfährt den Geist als reich und spielerisch, als leuchtend und von sich aus kraftvoll. Da man den Erleber so überzeugend als nicht-dinglich wahrnimmt, als strahlendes Licht, verschwindet im Nu jede Furcht: Das Wissen, daß unser Wesentliches nicht zerstört werden kann, bringt letztendliche Sicherheit. So ist man in allem zu Hause, was immer auch geschieht.

Die umwälzende Einsicht ist hier, daß man weder der Körper ist, der krank und alt wird und schließlich stirbt, noch die Gedanken, die sich ständig verändern. Das, was gerade durch die Augen schaut und durch die Ohren hört, ist bewußter, unbegrenzter Raum. Er ist jenseits von Kommen und Gehen, von Geburt und Tod.

Auf dieser Ebene der Furchtlosigkeit ist alles das freie Spiel des Geistes; sowohl Geburt als auch Tod zeigen nur seinen unbegrenzten Reichtum. Man geht nicht mehr ins Kino und hofft auf einen guten Film. Man besitzt jetzt das Kino. Es ist nun weniger bedeutend, was gespielt wird; wichtig ist, daß die Leinwand keine Löcher hat und daß die Bilder scharf sind. Ist die Leuchtkraft des Geistes nicht mehr durch seine Erscheinungen behindert, sind alle Erfahrungen, äußere wie innere, frisch und spannend, einfach weil sie geschehen. Auf dieser Ebene denkt man zum Beispiel so: »Vor ein paar Tagen war ich eifersüchtig, dann wurde ich zornig, und gerade jetzt bin ich verwirrt. Wie spannend! Mal sehen, was morgen kommt...«, während man unbeirrt weiter macht, was vor der Nase liegt. Wenn man so viel Furchtlosigkeit und Reichtum erlebt, wird einem auch die Unbegrenztheit des Geistes bewußt, und man wird langfristig zum Nutzen aller handeln, egal was die »politische Korrektheit« der Zeit auch vorschreiben mag. Jeder mit Vernunft ausgestattete Mensch sollte sich zum Beispiel heute, trotz Papst und Moslems, dafür einsetzen, daß die Geburtenzahlen in den Ghettos und den armen Ländern der Welt schrumpfen.

Der Wunsch nach eigennütziger Freude erübrigt sich ebenfalls. Einerseits erlebt man immer stärker, daß auf letztendlicher Ebene das wahre Wesen eines jeden klares Licht ist, und andererseits erhält jeder so deutlich alles im Leben von anderen, daß man eigentlich nur dankbar sein kann.

Sich für diese Einstellung zu entscheiden heißt, sich wie ein Buddha zu verhalten, bis man einer geworden ist. Man hat jetzt echte Kraft und muß nicht jeder kurzfristigen Meinungsänderung der Leute nachlaufen, sondern kann das langfristig Sinnvolle im Auge behalten. Wer Äußeres und Inneres auf der Ebene der Reinheit erfährt, macht keine Fehler mehr.

66

Ausschlaggebend sind immer die Mittel, über die man verfügt. Man kann mit Hand, Schaufel oder Bagger graben, die Strecke zur Erleuchtung gehen, fahren oder fliegen.

Wählt man den ersten dieser Wege und will sich vor allem durch das Vermeiden von den Ursachen eigener Leiden entwickeln, besteht dieser aus ständigen Wiederholungen. Es geht andauernd um Verhaltensweisen, die man schon als Kind hätte lernen sollen und die ganze Ebene ist nicht besonders aufbauend.

Auf der zweiten Ebene sind Mitgefühl und Weisheit die Lehrer. Kann man sie im Gleichgewicht halten, wird das Ergebnis gut sein. Hier sind das eigene innere Gespür und die Zeichen des Umfelds zu beachten. Denkt man verstärkt an sich, ist man dabei, sein Mitgefühl zu verlieren und die Welt wird schwierig werden. Vermehren sich steife Vorstellungen, wird das Fehlen unmittelbarer Erfahrung einen bald auf ein Abstellgleis bringen. Bei der dritten und letztendlichen Stufe entscheidet die Sichtweise. Hier muß man sich ständig der Erlebnisebene bewußt sein.

Ist in jeder Erfahrung Wachstum, Reinheit und Frische dabei? Sieht man Buddha in anderen und in sich selbst? Ist die Antwort ja, wird Reichtum und Sinn ständig wachsen. Alles wird wie von selbst gehen. Die Vollkommenheit wird sich als zeitlose Natur des Geistes zeigen.

Nichts ist wichtiger als die Festigung dieser Erfahrung. Obwohl das Verstehen vom »Nicht-Ich« auf dem Kleinen Weg die Befreiung und das Ende des Leids bedeutet, bringt diese Sicht nur wenige Fähigkeiten des Geistes ins Spiel. Ihre Verwirklichung dauert lange, und man bleibt verwundbar bis kurz vor dem Ziel, weil der Schutz des Erleuchtungswunsches zum Besten aller fehlt. Beim Großen Weg, der diesen beinhaltet, ist die Entfaltung rund und geschmeidig, weil zusätzlich das scharfe Werkzeug der Einsicht in die Leerheit und in die gegenseitige Bedingtheit aller Erscheinungen verwendet wird. Erst der Diamantweg setzt aber alle Kraft frei. Vom Baukran des höchsten Vertrauens aus – der Sicht des Diamantweges oder Vajrayana – schafft man erst den Unterbau, zieht dann die Mauern hoch, setzt schließlich das Dach darauf, und das Haus steht. Richtig verstanden ist die Yogiebene also schon volles Mahamudra. Hier noch ein paar Einzelheiten dazu:

Das Mahamudra

Der Weg des Mahamudra beginnt mit dem Aufbau von vielen guten Eindrücken im Geist und dem tiefen Vertrauen zum Lehrer, der furchtlos, freudvoll und hart arbeitend den Zustand des Mahamudra verkörpern muß. Wenn der Erleber genug Schönes gespeichert hat, muß er nicht länger sein Glück woanders suchen und wird *einsgerichtet*. Mitunter wird gesagt, daß hier »der Geist bleibt, wo der Hintern ist«, und ich vergleiche den Zustand oft damit, eine schöne Freundin zu haben und genügend Essen im Kühlschrank: Wer würde da noch ausgehen?

Aus diesem Zustand des Überschusses erwächst das *Ungekünsteltsein*. Man sieht deutlich, daß das, was wirklich geschieht, so viel spannender und wahrer ist als jede Vorstellung, die man sich davon machen kann. Das Ungekünsteltsein geht viel tiefer als oft vermutet. Der Mensch hat äußere, innere und geheime Ebenen, und auch wer gern seine Lebensgeschichte überall erzählt, hat meistens jede Menge Ungereimtheiten, die weniger greifbar sind. Widerspruchslos und in jeder Lage mit Körper, Rede und Geist dasselbe auszudrücken, wäre eine gute Verwirklichung dieser Stufe.

Die dritte Stufe des *einen Geschmacks* ist ein wirklicher Entwicklungssprung. Hier leuchtet der Erleber durch die Erlebnisse ständig länger und klarer hindurch, bis seine strahlende Begabung alles umfaßt. Die Augenblicke der Verschmelzung während der Liebe, sehr schnelle Motorradfahrten, der freie Fall, bevor sich der Schirm öffnet oder das Bungee-Gummi einen wieder hochzieht, gibt Kurzerfahrungen dieses Zustandes, wo alles den Geschmack des Geschehens hat. Der riesige Reichtum des Raumes bleibt vom ersten Erleben an ständige Erfahrung.

Die Bezeichnung für die vierte und höchste Stufe ist witzig, aber auf der Buddha-Ebene gibt es auch nichts mehr, was umständlich oder leidvoll wäre. Man nennt sie *Nicht-Meditation*, was bedeutet, daß man mühelos das tut, was anliegt. Wo alle Bedingungen des Raumes bekannt sind und man im vollen Einklang mit den Möglichkeiten der Wesen steht, wird jede Tat, jedes Wort und jeder Gedanke sowohl bedingte als auch letztendliche Wahrheit ausdrücken, und man kann fröhlich »den Tiger reiten«.

Diese Sicht gebe ich meinen Schülern weiter, und die Lehr- und Lebensweise unserer Gruppen bringen sie voll zum Ausdruck. Wenn man die Leute dazu anregt, sich wie Buddhas zu benehmen, furchtlos, fröhlich und mit tatkräftiger Liebe, werden sie die erwähnten vier Stufen des Mahamudra der Reihe nach verwirklichen.

Die folgenden Meditationen entsprechen zwar verschiedenen Entwicklungsstufen der buddhistischen Lehre, sie können aber dennoch von jedem angewandt werden.

Die ersten festigen allgemein erfreuliche Eigenschaften des Übenden. Bei der Drei-Lichter-Meditation wird schließlich auf Buddha selbst meditiert. Sein Kraftkreis, in diesem Fall derjenige des Karmapa, entsteht um einen herum.

Wenn man begreift, daß sich bei der Verschmelzung nichts Dingliches vereinigt, sondern daß sich die Wahrheit innen und außen begegnet, kann man jenseits aller Anhaftung an Vorstellungen in der Raum-Freude des Geistes verweilen und diese dann mühelos als Überschuß und Liebe in die Welt bringen.

Die Licht-Atem-Meditation

(Meditation für jedermann)

Wir sitzen so angenehm, wie wir können. Unsere Hände ruhen im Schoß, die rechte in der linken, die Daumen berühren sich leicht. Der Rücken ist gerade, ohne steif zu sein. Das Kinn ist leicht eingezogen.

Zuerst beruhigen wir den Geist. Wir spüren den formlosen Luftstrom, der an der Nasenspitze kommt und geht, lassen Gedanken und Geräusche einfach vorbeiziehen, ohne an ihnen zu haften.

Wir wollen nun meditieren, um den Geist zu erfahren und Abstand zu eigenen Störungen zu gewinnen. Nur dann können wir anderen wirklich nützen.

Sechzehn Fingerbreit vor unserer Nase, also etwa eine halbe Armlänge von uns entfernt, entsteht jetzt ein klares, durchsichtiges Licht. Während wir einatmen, strömt es mitten durch den Körper nach unten. Auf dem Weg hinunter wird das klare Licht immer röter. Wenn es eine Handbreit unterhalb des Nabels kurz anhält, ist das durchsichtige Licht völlig rot geworden. Beim Ausatmen bewegt es sich nach oben und verfärbt sich dabei immer mehr ins Blaue. Eine halbe Armlänge vor uns wird das blaue, durchsichtige Licht in einem Augenblick wieder klar, und wir atmen es erneut ein. Wir halten diese Vorstellung so gut wie möglich, während der Atem natürlich kommt und geht.

Ist es schwierig, Farben zu sehen, denken wir einfach: klares Licht beim Einatmen, rotes, wenn der Atem unterhalb des Nabels anhält, und blaues während des Ausatmens.

Nach einer Weile können wir uns auch rein auf die Schwingungen des Atems einlassen. Beim Einatmen hören wir dann die innere Schwingung von der Silbe OM.

Beim Anhalten unterhalb des Nabels ein tiefes AH und beim Ausatmen ein HUNG.
Die Schwingungen stellen wir uns innerlich vor, solange es angenehm ist.

Am Ende der Meditation lassen wir die Welt wieder frisch und neu entstehen. Zuletzt wünschen wir, daß all das Gute, das hier geschehen ist, grenzenlos wird, zu allen Wesen überallhin ausstrahlt, ihnen jedes Leid nimmt und dafür das einzige Dauerglück gibt, das Erkennen des eigenen Geistes.

Die Regenbogenlicht-Meditation

(Meditation für jedermann)

Wir sitzen so angenehm, wie wir können. Unsere Hände ruhen im Schoß, die rechte in der linken, die Daumen berühren sich leicht. Der Rücken ist gerade, ohne steif zu sein, und das Kinn ist leicht eingezogen.

Zuerst beruhigen wir den Geist. Wir spüren den formlosen Luftstrom, der an der Nasenspitze kommt und geht, lassen Gedanken und Geräusche einfach vorbeiziehen, ohne an ihnen zu haften.

Wir wollen nun meditieren, um den Geist zu erfahren und Abstand zu eigenen Störungen zu gewinnen. Nur dann können wir anderen wirklich nützen.

In der Mitte unserer Brust auf Herzenshöhe entsteht jetzt ein kleines Regenbogenlicht. Es dehnt sich in unserem Körper immer weiter aus. Wie es uns ganz durchstrahlt und auffüllt, lösen sich alle Leiden, Schwierigkeiten und Hindernisse auf. Dann strahlt das Licht aus unserem Körper in alle Richtungen hinaus und verbreitet sich im ganzen Raum. Dadurch lösen sich sämtliche Leiden aller Wesen auf, und die Welt strahlt vor grenzenlosem Glück. Wir befinden uns in einem reinen Land voll unbegrenzter Möglichkeiten. Alles hat befreiende Bedeutung. Das Licht strahlt so lange, wie wir es wünschen, aus uns heraus.

Am Ende der Meditation bleiben wir in diesem Zustand, so gut es geht.
Schließlich wünschen wir, daß all das Gute, das hier geschehen ist, grenzenlos wird, zu allen Wesen überallhin ausstrahlt, ihnen das Leid nimmt und dafür das einzige Dauerglück gibt, das Erkennen des eigenen Geistes.

Die Meditation des Gebens und Nehmens

(Meditation des Großen Weges)

Wir spüren den formlosen Luftstrom, der an der Nasenspitze kommt und geht, und lassen Gedanken, Gefühle und Geräusche einfach vorbeiziehen, ohne an ihnen zu haften.

Wenn der Geist ruhiger geworden ist, nehmen wir Zuflucht zu Buddha (dem Ziel), zur Lehre und zu den Freunden auf dem Weg. Wir wollen jetzt meditieren, um allen Wesen nützen zu können und um die Unwirklichkeit aller bedingten Zustände zu verstehen.

Nun erleben wir die Leiden aller Wesen als schwarze Wolken um sie herum. Dieses schwarze Licht atmen wir natürlich und ohne Anstrengung in uns ein. Wenn es im Herzen ankommt, wird es in einem Augenblick zu strahlendem, klarem Licht, das wieder mit unserem Atem durch die Nase auf die Wesen ausströmt. Es verbreitet sich über sie und gibt allen jedes Glück. Das machen wir so lange, wie es angenehm ist.

Am Ende wünschen wir, daß all das Gute, was hier aufgebaut wurde, allen Wesen nützen möge.

Ziel dieser Meditation ist es, gute Eindrücke in den Geist zu säen, damit man später die Fähigkeit hat, anderen selbstverständlich nützen zu können.

— Der 16. Karmapa Rangjung Rigpe Dorje (1924 – 1981) —

Die Drei-Lichter-Meditation

(Grundlegende Meditation der Karma-Kagyü-Linie)

Wir spüren, wie der formlose Luftstrom an der Nasenspitze kommt und geht, und lassen dabei Gedanken und Geräusche vorbeiziehen, ohne sie zu beurteilen. Danach beschäftigen wir uns kurz mit den vier grundlegenden Gedanken, die uns auf den Weg zur Erleuchtung führen.

Wir verstehen unsere kostbare Möglichkeit, dieses Leben mit den Mitteln eines Buddhas zum Besten aller Wesen zu verwenden. Nur wenige auf der Welt haben dieses Glück und noch viel weniger nutzen es.

Wir erinnern uns der Vergänglichkeit aller Dinge. Nur die offene, klare Unbegrenztheit des Geistes ist dauerhaft, und niemand weiß, wie lange die Bedingungen bleiben werden, um sie zu erkennen.

Wir denken über Ursache und Wirkung nach, darüber, daß wir selbst bestimmen, was geschieht. Frühere Taten, Worte und Gedanken wurden zu unserer heutigen Welt, und wir säen ständig die Samen für unsere Zukunft.

Schließlich machen wir uns klar, warum Buddhas Weg ohnegleichen ist: Erleuchtung bedeutet zeitlose höchste Freude, und wir können nur wenig für andere tun, solange wir selbst verwirrt sind oder leiden.

Da wir die Welt nicht immer so erleben, wie wir es möchten, wollen wir von denen lernen, die das schon können.
Zum Besten aller nehmen wir Zuflucht:
zum Ziel, BUDDHA, dem erleuchteten Zustand unseres Geistes;

zu den LEHREN, die uns dahin führen;
zu unseren FREUNDEN auf dem Weg
und vor allem
zu Karmapa, dem LAMA, der Segen, Mittel und Schutz in sich
vereinigt.

Jetzt verdichtet sich vor uns aus dem Raum die goldene, durchsichtige Form des 16. Karmapa, eine Gestalt aus Energie und Licht. Er trägt die Schwarze Krone, die Form, die die tiefsten Zustände der Offenheit in uns erwecken kann. Sein Gesicht ist golden und mild. Seine Augen sehen uns, er kennt uns und wünscht uns alles Gute. Seine Arme sind am Herzen gekreuzt, und er hält Glocke und Dorje[12], die Zeichen für Mittel und Weisheit, Freude und Raum. In voller Meditationsstellung ist er umgeben von einem Kraftfeld aus Regenbogenlicht.

Wir verstehen, daß er kein begrenztes Wesen ist, sondern der Ausdruck für die Wahrheit des Raumes und der Geist aller Buddhas. Er ist da, ob wir ihn klar sehen können oder nicht. Wir wünschen zutiefst, seine Fähigkeiten zum Besten aller zu verwirklichen. Wie er unseren Wunsch spürt, lächelt Karmapa und kommt immer näher auf uns zu, bis er in einem angenehmen Abstand im Raum vor uns bleibt. Wir denken oder sagen:

»Lieber Lama, Essenz aller Buddhas, Dich bitten wir, gib uns Deine Kraft, die die Unwissenheit und Verdunkelung von allen Wesen und uns selbst entfernt. Laß das zeitlose klare Licht des Geistes in uns erwachen.«

Jetzt strahlt aus seiner Stirn ein kraftvolles klares Licht in unsere Stirn und füllt unseren Kopf mit kristallenem Licht. Durch die Wirkung des Lichtes löst sich alles Störende im Gehirn, den Nerven und den Sinnen auf. Alle schädlichen Gewohnheiten und Krankheiten verschwinden, und unser Körper wird ein Werkzeug, um den Wesen Liebe und Schutz zu geben. Während wir *im klaren Licht solange verweilen, wie wir wünschen, hören wir die innere Schwingung der Silbe* OM.

Jetzt strahlt aus der Kehle Karmapas ein kraftvolles rotes Licht in unseren Mund und Hals. Dieses durchsichtige Licht löst alle Schwierigkeiten in unserer Rede auf. Grobe, leidbringende Worte verlassen unsere Rede, die zu Mitgefühl und Weisheit wird – bewußte Mittel, um anderen zu helfen. Untrennbar vom roten Licht hören wir die tiefe Schwingung der Silbe AH.

Nun strahlt aus dem Herzzentrum mitten in seiner Brust ein kraftvolles blaues Licht in die Mitte unseres Brustkorbes und füllt ihn ganz aus. So lösen sich alle Hindernisse im Geist auf. Gemischte Gefühle und steife Vorstellungen verschwinden, und unser Geist wird ursprüngliche Freude: Raum und Freude untrennbar. Mit dem blauen Licht zusammen schwingt die Silbe HUNG.

Jetzt strahlen die drei Lichter auf einmal in uns hinein. Klares Licht in die Stirn, rotes in die Kehle und blaues ins Herzzentrum, so erfahren wir das MAHAMUDRA, Karmapas Zustand.
Währenddessen können wir die Schwingung verwenden, die äußere und innere Wahrheit miteinander verbindet. Durch die Wiederholung des Mantras KARMAPA TSCHENNO *erreichen wir die Tatkraft der Buddhas zum Besten aller. Wir sagen es laut oder leise, solange wie wir wünschen, während wir die Lichter in uns aufnehmen.*

Schließlich lösen sich die goldene Form Karmapas und die Schwarze Krone in Regenbogenlicht auf. Es strahlt in uns hinein und jede Form verschwindet. Nun gibt es nur noch Bewußtsein jenseits von Mitte oder Grenze, zeitlos und überall.

Wenn dieser Zustand nicht mehr zu halten ist, entsteht wieder eine Welt, rein und vollkommen. Jedes Atom schwingt vor Freude und wird zusammengehalten vor Liebe. Alles ist frisch und neu, voll unbegrenzter Möglichkeiten. Alle Wesen entstehen als weibliche oder männliche Buddhas, ob sie es wissen oder nicht. Geräusche sind Mantren und Gedanken Weisheit, bloß weil sie geschehen können.

Nun verdichtet sich auch der eigene Körper aus dem Raum, als der Buddha, der uns am besten gefällt, oder als unsere gewohnte Form, nur ohne Schwächen oder Leiden. Es gibt jedoch einen großen Unterschied zu vorher: Früher waren wir unser Körper und deshalb durch Alter, Krankheit und Tod verwundbar. Jetzt haben wir den Körper. Er ist unser Werkzeug, um anderen zu nützen. Was wir wirklich sind, ist das klare Licht, das bewußt war, auch als es keine Form gab.

Wir wollen diese reine Sicht in allen Lebenslagen beibehalten und wünschen nun, daß all das Gute, das eben entstand, grenzenlos wird, jedes Leid entfernt und alle Wesen zum höchsten Glück führt, zum Erkennen ihres eigenen Geistes.

---

[12] Dorje (Skt.: Vajra, wörtl. übers.: »Herr der Steine, Diamant«): Sinnbild der Unzerstörbarkeit und Unerschütterlichkeit, die den höchsten Geisteszustand kennzeichnen, wie er im Diamantweg angestrebt wird. Ritualgegenstand, der Mittel, Mitgefühl und Freude symbolisiert.

ZU GUTER LETZT

Was erwartet nun die Hoffnungsvollen, die von diesem Buch becirct den Weg zum nächsten Kagyü-Zentrum finden?

Viel Auf und Nieder, viel Mühe, viele Wiederholungen, dann wachsende Freude und schließlich unendlicher Sinn. Damit meine Schüler wissen, was ihnen bevorsteht, erkläre ich den Vorgang oft so:

Zu Beginn des Weges glaubt euer ICH (Ego), noch Masse zulegen zu können. Es denkt: »Früher war ich ein guter Kerl, und jetzt werde ich auch geistig. Ich bin bei den Karma-Kagyüs angekommen, den Besten überhaupt, und werde bald das wissen, was der Lama weiß.«

Der Zustand dauert aber nicht lange, denn die zeitlose Weisheit Buddhas ist gerade auf diesen Fall eingestellt. Die feine Gesellschaft verpflichtet, und Euer ICH darf zwar noch das Brot und die Kartoffeln seiner Gewohnheiten genießen, aber die Aufbaunahrung bekommt es nicht.

Jede buddhistische Gruppe hat ihre mehr oder weniger wirksame Schmalkost, die den Kraftkreis des jeweiligen Lamas ausdrückt. Bei einigen lernt man Demut, bei anderen sind Weisheit oder Mitgefühl der Weg. Bei mir gibt es die bekannte »steife Oberlippe«, das Furchtlos-und-fröhlich-Sein. So um seinen erwarteten Zuwachs durch Gefühlsduselei und Dramen geprellt, wird euer ICH Verdacht schöpfen und Zweifel und Rückenschmerzen säen, um sich zu schützen.

Hier wird der Lehrer das Bodhisattva-Gelübde[13] als verlockende Scheinnahrung einsetzen und so Euer robustes, aber dummes ICH erneut reinlegen. Es wird sich schon mit einem Lorbeerkranz geschmückt sehen bei der Vorstellung, daß es

---

[13] Bodhisattva-Gelübde: Versprechen, zum Besten aller mit unendlicher Ausdauer und Kraft zu arbeiten, bis alle Wesen befreit bzw. erleuchtet sind.

alle Wesen erlösen wird, und spürt nochmals starken Auf-
wind. Es glaubt: »Endlich wird meine wahre Bedeutung ge-
schätzt« und läßt sich weiter ein.

Das ist eine gewaltige Fehleinschätzung, denn damit fan-
gen die Leiden des ICH erst an. Jeder uneigennützige Gedanke zieht den eigenen Trips viel Kraft ab, und jede Beschäfti-
gung mit der Leerheit ist an sich Gift. Wenn das ICH hört, daß
das klare Licht in einem jeden ist und daß weder im Körper
noch in den Gedanken etwas Dauerhaftes aufzufinden ist:
Wo kann es sich dann noch verstecken?

Inzwischen gut zermürbt, findet das ICH nur einen Aus-
weg. Es stellt sich der wahren Lage nicht, sondern belügt sich
und sein Umfeld. Ein solcher Zustand darf nicht zur Gewohn-
heit werden. Sein auffälligstes Warnzeichen ist heiliges Tun
mit Besserwisserei und unterschwelligem Sauersein. Das ist
die Rache des schwer verwundeten ICH, die jede gute Laune
zerstört. Bleibt Ihr in überbevormundenden Scheinlösungen
wie Tempolimits stecken oder könnt Ihr auch sonst anderen
keine Freiheiten gönnen, baut Ihr Euch Euer eigenes Gefäng-
nis.

Egal, ob christliche Altlast, frühere Niederlagen im Leben
oder mißverstandene Hingabe zum Klosterleben die vorherr-
schende Ursache dafür ist – Ihr seid auf einem Irrweg und
solltet zu einem mutigen und lebenserfahrenen Lama gehen,
der mit Eurer Ganzheit arbeiten kann und Euch über diese
Hürde hilft. Fehlt bei Euch Vertrauen oder beim Lehrer die
Kraft, könnt Ihr Euch auch durch die Gelübde der Mönche
und Nonnen pflegeleichter machen lassen und in einem Klo-
ster anderen Entwicklungswegen folgen. Entscheidet Ihr Euch
weder für das eine noch das andere, bleibt Ihr unbefriedigt in
der Mitte hängen, und Euer Zentrum hat einen schwer loszu-
werdenden »Drachen«.

Baut also ruhig auf die verstandene Freiheit Eures Geistes,
auf einen vom Leben geprüften Lehrer und die Mittel des
Diamantweges und des Mahamudra.

Euer Vertrauen, daß Raum gleich Freude ist, wird schnell wie fünfhundert Wikinger alle Schanzen des jetzt nur noch aus dem Hinterhalt schießenden ICHs erobern. Wenn Ihr jedes Störgefühl als Grundlage erleuchtender Weisheit erfahren könnt und jeden Zweifel als Erkennungsvorgang, wird das ICH klein und schwarz. Es fällt fünf Meter in die Erde hinein, verraucht – und Ihr genießt.

RAUM UND FREIHEIT GRENZENLOS!

Das war eine Zusammenfassung der Lehre Buddhas aus der Sicht eines heutigen Karma-Kagyü-Yogi. Ich habe keinen stärkeren Wunsch, als daß sich diese Belehrungen rund um die Welt verbreiten. Die Gewißheit, daß der Geist von grenzenloser Fähigkeit ist, verdanke ich dem 16. Karmapa, dem lebenden Mahamudra schlechthin. Auch Künzig Shamarpa, sein höchster Linienhalter, Lopön Tsechu – unser erster Lehrer –, Kalu und Tenga Rinpoche und andere Lamas haben über 25 Jahre lang dazu beigetragen. Sehr wichtig waren die Fragen zahlloser begabter Freunde und Schüler auf der ganzen Welt und mein Teilhaben an ihrer Entwicklung. Nachdem ich in den letzten zwanzig Jahren über 150 buddhistische Zentren in fast allen Zeitzonen gegründet habe, wollte ich die Quellen ihres freudvollen Wachstums vermitteln. Diese Gruppen verbinden die Lehre Buddhas mit den vielen begabten und idealistischen Ansätzen der europäischen Kultur – auch in Übersee – und werden immer einflußreicher werden. Man kann sie kennenlernen!

ADRESSENLISTE DER
WICHTIGSTEN KARMA-KAGYÜ-ZENTREN

Deutschland

Buddhistisches Zentrum Berlin, Grunewaldstr. 18, D-10823 Berlin, Tel: 030-78704213, Fax: 030-78704214, Email: berlin@diamondway-center.org
Buddhistisches Zentrum Braunschweig, Bertramstraße 68, D-38102 Braunschweig, Tel: 0531-798601, Fax: 0531-791009, Email: braunschweig@diamondway-center.org
Buddhistisches Zentrum Darmstadt, Dieburgstr. 148a, D-64287 Darmstadt, Tel: 06151-77572, Fax: 06151-788496, Email: darmstadt@diamondway-center.org
Buddhistisches Zentrum Frankfurt, c/o Isabell Kettler, Scheidswaldstr. 63, D-60385 Frankfurt, Tel: 069-4691001, Fax: 069-4691002, Email: frankfurt@diamondway-center.org
Buddhistisches Zentrum Hamburg, Thadenstr. 79, D-22767 Hamburg, Tel: 040-4328380, Fax: 040-43283810, Email: hamburg@diamondway-center.org
Buddhistisches Zentrum Hattingen, Talstr. 32a, D-45525 Hattingen, Tel: 02324-55225 or 23649, Fax: 02324-22217, Email: hattingen@diamondway-center.org
Buddhistisches Zentrum Heidelberg c/o Ramona Kramp, Kaiserstr. 39, D-69181 Leimen, Tel: 06224-951757, Fax: 06224-951758, Email: heidelberg@diamondway-center.org
Buddhistisches Zentrum Karlsruhe, Gartenstraße 52, D-76133 Karlsruhe, Tel: 0721-8305070, Fax: 0721-8305071, Email: karlsruhe@diamondway-center.org
Buddhistisches Zentrum Kiel, Jungmannstr. 55, D-24105 Kiel, Tel: 0431-93533, Fax: 0431-93633, Email: kiel@diamondway-center.org
Buddhistisches Zentrum Köln, Aquinostr. 27, D-50760 Köln, Tel + Fax: 0221-7327475, Email: koeln@diamondway-center.org
Buddhistisches Zentrum München, Gabelsbergerstr. 52 / RGB, D-80333 München, Tel: 089-52046330, Fax: 089-52046340, Email: muenchen@diamondway-center.org
Haus Schwarzenberg, Tel: 08366-98380, Fax: 08366-983818, Email: schwarzenberg@diamondway-center.org
Buddhistisches Zentrum Stuttgart, Esslinger Str. 31, D-70182 Stuttgart, Tel: 0711-607268, Fax: 0711-6573080, Email: stuttgart@diamondway-center.org
Buddhistisches ZentrumVillingen-Schwenningen, c/o Beate & Manfred Maier, Brühlstr. 76, D-78056 Schwenningen, Tel: 07720-65951, Fax: 07720-65900, Email: schwenningen@diamondway-center.org
Buddhistisches Zentrum Wuppertal, Heinkelstr. 27, D-42285 Wuppertal, Tel: 0202-84089, Fax: 0202-82845, Email: wuppertal@diamondway-center.org

Österreich

Karme Tschö Ling Wien, Josef Melichargasse 20, A-1210 Wien, Tel: +43-1-2731247, Fax: +43-1-2731248, Email: wien@diamondway-center.org
Karme Tschö Ling Graz, Pfeifferhofweg 94, A-8045 Graz, Tel: +43-316-670700, Fax: +43-316-67070023, Email: graz@diamondway-center.org

Schweiz

Buddhistisches Zentrum Zürich, Hammerstr. 9a, CH-8008 Zürich, Tel: +41-1-3820875, Fax: +41-1-3800144, Email: zurich@diamondway-center.org

Es gibt ca. 250 Zentren u. Meditationsgruppen weltweit, davon befinden sich ungefähr 80 in den deutschsprachigen Ländern. Die Adressen können über die angegeben Zentren erfragt werden.
Internet: http://www.diamondway-buddhism.org